赢在执行

黄克琼 编著

版权所有　侵权必究

图书在版编目（CIP）数据

　　胜在制度　赢在执行/黄克琼编著.--长春：吉林出版集团股份有限公司,2019.3
　　ISBN 978-7-5581-5799-8

　　Ⅰ.①胜… Ⅱ.①黄… Ⅲ.①企业管理制度–通俗读物 Ⅳ.① F272.9-49

　　中国版本图书馆 CIP 数据核字（2019）第 040858 号

SHENG ZAI ZHIDU YING ZAI ZHIXING
胜在制度　赢在执行

编　　著：黄克琼
出版策划：孙　昶
责任编辑：杨　蕊　王　媛
装帧设计：韩立强
出　　版：吉林出版集团股份有限公司
（长春市福祉大路 5788 号，邮政编码：130118）
发　　行：吉林出版集团译文图书经营有限公司
（http://shop34896900.taobao.com）
电　　话：总编办 0431-81629909　营销部 0431-81629880 / 81629900
印　　刷：天津海德伟业印务有限公司
开　　本：880mm×1230mm　　1/32
印　　张：6
字　　数：130 千字
版　　次：2019 年 3 月第 1 版
印　　次：2021 年 5 月第 3 次印刷
书　　号：ISBN 978-7-5581-5799-8
定　　价：32.00 元

印装错误请与承印厂联系　　电话：022-82638777

前言

企业制定制度,就是要求员工在职务行为中遵照相关的制度来一致地行动、工作、办事。让公司员工都按制度办事,就是要把70%～80%的工作都变成标准化的、制度化的、流程化的东西,使整个流程具有可扩展性和可复制性,使整个公司组织变成学习型组织,使这种制度和流程所描述的运行方式成为公司固有的能力。这样即使出色的领导人离开了,公司的能力却仍然存续。

按制度办事,有利于增强企业的核心竞争力。企业的核心竞争力,就在于执行力。而执行是以制度为前提的,管理制度设计得合理,才能让执行事半功倍,甚至获得自动执行。所谓"木受绳则直,金就砺则利"。企业有完善的制度,员工真正按制度办事,在企业内部能做到政令畅通、令行禁止,才能保证有序地开展工作,团队有战斗力、凝聚力。企业整体越是能够按照制度化、流程化的方式运作,就越能够提高自己的核心竞争力,灵活地应对市场,处处占得先机。这就类似于人的身体,之所以能够行动自如,就是因为身体内部是高度协调性的整体。

纵观世界上成功的企业你会发现，按制度办事必定是它们成功的共同原因之一。现在许多企业已经意识到企业制度化建设和按制度办事的重要性，但是，许多企业有制度却形同虚设，制度化建设也只是停留在口头阶段。为了帮助企业建立科学有效的制度，提高其生产效率和竞争力，使企业人员真正按制度办事，我们组织专业人员编写了这本《胜在制度，赢在执行》。

本书从企业管理者的角度出发，充分考虑到管理的方方面面，聚焦在企业管理最为关键的环节，借鉴国际通用的管理制度和现有的成型制度，详细地论述了企业管理中普遍涉及的制度及执行问题，并提供了具体工作的相关理论知识、执行方法或流程，使之具有可操作性，从而使企业管理工作者可以得到最实用的考评依据和培训蓝本，在实践的层面上提高企业效率，使企业真正做到事事有人管、人人有专责、办事有标准、奖罚有依据。

目录

第一章 制度是基业长青的守护者

制度不是最好的,但制度却是最不坏的 //2
把"自由"之屋搭建在"限制"的围墙里 //3
不讲规则的聪明不是真聪明 //5

第二章 规范的管理,来自健全的制度

组织架构是制定制度的重中之重 //10
实现制度化管理的步骤 //14
健全的制度应具备的主要特征 //16
世易时移,变法创新 //18

第三章　领导是制度首要制定者，更要做制度第一执行人

建立群体运行机制，绝不能搞个人英雄主义　　//22
领导者应身体力行，带头遵守制度　　//24
领导应处于下属的监督之下　　//27

第四章　用法治取代人治，将自我意识从执行中清除

对滥用权力最有效的约束就是制度　　//32
人治会影响企业发展的延续性　　//34
用制度化管理减少决策失误　　//38

第五章　没有铁的纪律，就没有高效执行的团队

纪律是高效执行力的重要保证　　//42
对员工进行严格的纪律训练　　//44
强化纪律，赏罚分明　　//48
不杀鸡，就唬不了猴　　//50

第六章　搭建规范的竞争平台，才能人尽其才

机制的最大意义是保证人尽其才　// 56
没有伯乐，也能发现千里马　// 57
用规范的程序保证薪酬制度的质量　// 60
灭恶性竞争之风，立良性竞争之气　// 63

第七章　完善沟通渠道，员工的执行力是"谈"出来的

沟通可以解决一切问题　// 68
走动式管理：创造沟通机会和平台　// 71
多一些鼓励，少一些批评　// 73
广开言路，听取反对呼声　// 76
何时需要说服，何时需要命令　// 82

第八章　让员工自己奔跑，用激励机制激发执行力

最有效的13条激励法则　// 88
建立完善有效的激励机制　// 90
靠"竞赛机制"说话　// 95
与员工共享成果　// 97
巧用激将法点燃员工的好胜心　// 99

第九章　以考核制度为准绳，用业绩促进执行提升

业绩目标：让员工跳一跳，够得着　// 104
找到绩效不佳的常见原因　// 106
考核一定要实事求是　// 109
适当加压，促进业绩的提升　// 113

第十章　用对人做对事，执行制度要有得力人选

请合适的人上车，不合适的人下车　　//118
疑人不用，用人不疑　　//120
善于用人之长，避人之短　　//124
敢于用比自己强的人　　//126
用人不拘一格，不论资排辈　　//129

第十一章　掌握授权的艺术，执行起来四两拨千斤

通过授权提升领导力　　//136
接受的工作越重要，员工越有干劲　　//139
集权不如放权更有效　　//141
授权要讲究策略和技巧　　//145
权力与责任必须平衡对等　　//148

第十二章 将责任落实到位，员工才会执行到位

没有执行力，就没有竞争力　　// 152
责任心为执行撑起一片天　　// 156
战略再好，也要有人落实和执行　　// 159
落实执行力的关键在于责任到位　　// 162
执行问题没有商量的余地　　// 164

第十三章 执行不能只埋头拉车，还要抬头看路

走出"盲人摸象"的误区　　// 168
找准自己的"位置"　　// 170
要能"走一步看三步"　　// 172
化整为零地落实目标　　// 174
不管大局，最终只有"出局"　　// 177
勇于挑战才能收获成功　　// 179

第一章 制度是基业长青的守护者

制度不是最好的，但制度却是最不坏的

彼得·德鲁克曾说："一个不重视公司制度建设的管理者，不可能是一个好管理者。"俗话说："没有规矩，不成方圆。"这句古语也很好地说明了制度的重要性。一个企业想不断发展，永续经营，有一个比资金、技术乃至人才更重要的东西，那就是制度。

施乐公司老板曾自豪地说："施乐的新产品根本不用试生产，只要推出，就有大批订单。"这是为什么呢？原来，他们开发的每个新产品都采用统一的管理模式。这种模式以用户需求为核心，共有产品定位、评估、设计、销售4个方面近300个环节。通过反馈信息以及对大量数据的不断调整，产品一经面市就能满足用户的需求。凭着一整套行之有效、科学严密的管理程序，百余年来，施乐公司始终是世界文件处理行业的领头羊。

制度和标准就是竞争力。一个企业，假如缺乏明确的规章、制度和流程，工作就很容易产生混乱，造成有令不行、有章不循的局面，使整个组织缺乏协调精神、团队意识，导致工作效率低下。

制度对于企业来说，其根本意义在于为每个员工创造一个求赢争胜的公平环境。所有员工在制度面前一律平等，他们会按照

制度进行工作，在制度允许的范围内努力实现企业效益和个人利益的最大化，从而使企业在良好的竞争氛围中实现突飞猛进的发展。企业管理者要善于把制度引发的竞争乐趣引入到管理工作中去，让团队中的每一个人都对工作保持激情。

英国首相丘吉尔曾说："制度不是最好的，但制度却是最不坏的。"远大空调董事长张跃说："有没有完善的制度，对一个企业来说，不是好和坏之分，而是成与败之别。没有制度是一定要败的。"在竞争日益激烈的商业社会，制度才是克敌制胜的根本之道。对于任何企业管理者而言，要创一番大业，成一代企业家，一定要多琢磨一下那句老话，"没有规矩，不成方圆"；一定要完善制度和标准，锻造企业制胜的"秘密武器"。

把"自由"之屋搭建在"限制"的围墙里

有这样一则寓言：河水认为河岸限制了它的自由，一气之下冲出河岸，涌上原野，吞没了房屋与庄稼，给人们带来了灾难，它自己也由于蒸发和大地的吸收而干涸了。

河水在河道里能掀起巨浪，推动巨轮，而当它冲决河岸以后，就只能造成灾害，既危害他人，又毁了自己。

人人都向往自由，但超越限度的自由具有破坏性。所以，制度或规则既是对自由的限制与规范，也是对自由的捍卫与保护。

汽车在高速公路上奔驰，火车在轨道上自由行驶，轮船在航道上破浪前进，飞机在航线中航行。可是，如果离开了公路、铁轨、航道、航线，它们就失去了行动的"自由"。它们取得行动"自由"的前提，就是交通规则的限制。

一个城市，如果没有交通规则，你骑自行车乱闯红灯，他驾驶汽车横冲直撞，我步行随意穿越马路，那么，这个城市的交通状况必定是一片混乱，交通事故的不幸就会频繁地降临到人们头上。

如果有严格的交通规则，尽管人多车杂，但行人车辆各行其道，红灯停绿灯行，穿梭有序，就会有条不紊，畅通无阻。

人类的一切活动都受到规则的限制，规则保证了人类活动的顺利进行，也保证了人类活动能够产生有意义的结果。

新加坡以制度制约不文明的行为而闻名。任何小事都有相关的法律，比如家中滋生蚊子，一旦罪名成立，要坐牢3～6个月，或处以5000～10000新加坡元的罚款。如果夫妻打架，把物品扔下楼，就犯了"鲁莽行事罪"。为了禁止在电梯中小便的行为，电梯内都装有尿液侦察器，一旦有人小便，电梯会自动停止，困住肇事者。乱扔垃圾的人，要穿上印有"劳改"字样的黄背心，不仅罚其打扫卫生，还要通知媒体曝光。

新加坡人要遵守的法律和规定很多，这么多制度悬在头顶，会不会很麻烦？是不是限制了人身自由？有外国记者在新加坡当地随机询问，所有人都笑着说："不做'不可以'的事就行了。"

"不可以"是新加坡人的口头禅,做好公民,不做"不可以"的事,是他们的基本原则。

"限制"作为自由的对立面,是自由赖以存在的基础,这符合哲学对立统一的观点。完全没有"限制"的自由不可想象,没有了"限制"也就无所谓自由,更谈不上争取和享受自由。

人们常说:"断线的风筝会落地。"不错,风筝在空中的自由,是受到长线的束缚而得到的。一旦系着它的线断了,风筝就会一头栽到地上,失去飞翔的自由。

同样的道理,企业要想做强做大,就不能由着性子胡来,必须要有一套有效可行的规则保证发展顺利进行。野台唱戏、游击作风可能得逞于一时一事,但绝逃不出饥一顿饱一顿直至消亡的结局。能人治理,可以使企业从无到有,从小到中,但绝不会到大到强,经久不衰。有了统一的制度标准,企业的发展目标才会明确,员工的行为才会一致,各项工作才能有序开展。

不讲规则的聪明不是真聪明

羚羊和乌龟赛跑,羚羊嗖的一声飞奔出去。跑了一会儿,羚羊洋洋得意地回头问:"乌龟你跟上来了吗?"只听前面草丛中的乌龟答道:"我在这儿呢!"羚羊很奇怪,怎么乌龟在我前面呢?羚羊继续往前跑,跑了一会儿,又问:"乌龟你跟上来了吗?"

前面草丛中的乌龟又回答:"我在这儿呢!"这时羚羊觉得不可思议了,继续往前跑,又跑了一会儿,问:"乌龟你跟上来了吗?"前面草丛中的乌龟又回答:"我在这儿呢!"羚羊彻底没了士气,很沮丧地跑到了终点,可是乌龟还是在前面的草丛中说:"我在这儿呢!"

大家一定会想:乌龟怎么可能比羚羊跑得快呢?其实乌龟知道第二天要和羚羊赛跑后,在比赛途中,隔一段距离就安排一只乌龟蹲守。这样,一路上都会有乌龟"跑"在羚羊前面!

这个寓言故事的结论是:实力固然重要,但是聪明更重要!

真是这样吗?

乌龟的"聪明"是什么?是瞒天过海!是弄虚作假!我们应该学习这种"聪明"吗?任何比赛都要讲规则,讲究公平竞争。而乌龟凭借兄弟姐妹外貌相似,利用羚羊对它的信任,玩弄阴谋诡计,获得了虚假的胜利。这样的胜利有什么实质意义?它能证明什么?除了说明乌龟狡猾和羚羊憨厚外,什么也不能说明。在这场比赛中,没有裁判和观众,也没有制度和程序,与其说是一场比赛,不如说是一场儿戏。如果今后乌龟要和兔子、狐狸再来一次比赛,它还能取胜吗?

如果这个寓言的结论成立,那么一个毫无实力的考生,可以依靠舞弊获得好成绩,他不但不应受到批评和处罚,反而要被称赞"聪明"。依此推论,企业做假账的会计是"聪明",官员虚报政绩是"聪明",法庭做伪证的律师是"聪明",在竞技场上注射兴奋剂的选手也是"聪明"。只要达到目的，可以不择手段，世上一切制造假、恶、丑的人，都成聪明与智慧的化身了。

然而，令人叹息的是，很多人都在学习这种"聪明"。比如打牌，很多人都认为偷牌是很正常的，还觉得这个家伙聪明、反应快，弄虚作假者本人也会为自己的"聪明"而自豪。

一个在国外留学的学生因为经常逃学，考试未能通过。有人问他："通不过是不是要重修？"他得意地说："别人要重修，我才不那么傻。学校的规则是，考试没有通过的学生，如果有医生证明该生在考试期间生病了，可以在一定时间内参加补考。补考的卷子和原来的卷子基本一样，大概只有20%的新题。我可以让考完试的同学把题告诉我，这样至少可以拿60分。"别人又问："你怎么才能拿到医生的证明呢？"他说："去找个医生，送他个小礼物就行了。"

这种"聪明"不禁让人心里涌上一股悲哀。学校的制度想必是经过充分论证的，其前提是假设每个没有通过考试的学生都是诚实的，给诚实的学生一个补救的机会，这是教育制度的合理性之一。这个制度在这所有着百年历史的世界名校使用多年，在这个学生身上竟然失效了。

现代社会是建立在规则之上的。把一切规则都打碎，靠耍小聪明、玩小技巧取胜，那还为什么艰苦奋斗？最终我们拿什么与国际接轨？

不讲规则的聪明，绝对不是真正的聪明，充其量是一种让人不齿的"狡猾"而已,甚至是一种邪恶。它可能会得逞于一时,却始终上不得台面,进不了大场合,得不到真正的光荣。

生意场上也是这样。俗话说"商场如战场",企业在激烈的竞争环境中为了保持有利的竞争地位,不断想办法增强竞争力本来无可厚非。可是如果这些"办法"明显破坏了商业规则,就绝不可能拥有持久的客户,最终还会受到法律的制裁。

真正的聪明人懂得掌握规则,然后在规则允许的情况下尽可能地发挥自己的能力。

第二章
规范的管理,来自健全的制度

组织架构是制定制度的重中之重

组织架构是企业赖以存在的骨架，是制定其他制度的基础，也是命令得以传布的渠道。任何企业的建立，首先面临的是组织架构的建立。

建立一个完整的组织架构本身即为一种管理程序，是任何有效的管理制度中不可或缺的一环。

建立一个什么样的组织（集团）？怎样建设这个组织？前一个问题，是讲这个组织的性质；后一个问题，是讲用什么样的制度保证这个组织目标的实现。所以，研究企业制度，不能不研究企业的组织架构问题。适当的组织架构不仅是企业长青的基础，也是企业壮大的基础。

组织架构究竟是什么？组织架构是一种基本的管理程序，也可以说是一种规划程序。组织架构的建立包括下列步骤：首先，决定为了执行计划，必须实施哪些工作或活动，那些应做的事或应执行的任务，即为职务。然后，将这些活动分成各种职位，以便分派给各个员工，成为他们的职责。接着授予每个职位职权，使居于该职位的人可各行其责，或命令他人执行。随后，决定各职位间的职权关系，即决定谁该向谁汇报，以及身居各职位的人拥有何种职权，如此可确保大家辨明隶属关系，以及各人的职权种类与范围。最后应该决定，胜任各个职位必须具备的资格。

组织制度一般有以下几种形式：

一、直线型组织制度

直线型组织制度是最早、最简单的一种组织制度形式。这种组织制度把职务按垂直系统直线排列，各级管理者对所属下级拥有直接职权，组织中每一个人只能向一个直接上级报告，即"一个人，一个头儿"。它的优点是：各级领导对下属单位而言是唯一的行政负责人，保证了统一的领导和指挥，各职能部门对下一级组织在业务上负有指导的权力和责任，这样能充分发挥各职能部门的积极作用，让其直接参与管理和领导。但这种组织方式也有不足，如各职能部门在某一下级单位开展工作时，发生的矛盾和冲突无法自己解决。

二、职能型组织制度

职能型组织制度内部除了直线管理者外，还相应设立了一些组织机构，分担某些职能。这些职能机构有权在自己的业务范围内，向下级下达命令和指示。下级直线管理者除了接受上级直线管理者的制度管理外，还必须接受上级其他职能机构的制度管理。

三、直线参谋型组织制度

直线参谋型组织制度结合了以上两种组织形式的优点，设置了两套系统。一套是按命令统一原则组织的指挥系统，另一套是按专业化原则组织的制度管理职能系统。直线部门和人员在自己的职责范围内有决定权,对其所属下级的工作实行指挥和命令,并负全部责任,而职能部门和人员仅是直线管理者的参谋,只能对下级机构提供建议和业务指导,没有指挥和命令的权力。

四、直线职能参谋型组织制度

直线职能参谋型组织制度结合了直线参谋型组织制度和职能型组织制度的优点,在坚持直线指挥的前提下,充分发挥职能部门的作用,直线管理者在某些特殊任务上授予某些职能部门一定的权力,例如决策权、协调权、控制权等。

五、事业部制组织制度

事业部制组织制度是指在总公司制度管理下设立多个事业部,各事业部有各自独立的产品和市场,实行独立核算,在经营制度管理上拥有自主性和独立性。这种组织制度的特点是"集中决策,分散经营",即总公司集中决策,事业部独立经营。

六、矩阵型组织制度

矩阵型组织制度把按职能划分的部门和按产品(项目或服务等)划分的部门结合起来组成一个矩阵,使同一员工既与职能部门保持制度管理与业务上的联系,又参加产品或项目小组的工作。为了完成一定的制度管理目标,每个小组都设负责人,在组织最高领导的直接管理下工作。

七、多维立体型组织制度

多维立体型组织制度是矩阵组织制度和事业部组织制度的综

合体。其中按产品（项目或服务）划分的部门（事业部）是产品利润中心，按职能（如市场研究、生产、技术、质量制度管理等）划分的专业参谋机构是职能的利润中心，按地区划分的制度管理机构是地区利润中心。

八、多种标准的综合应用

若深究每个成功大型公司的团队系统，会发现上述几种组织形式分别应用于不同的管理层面，而中小型的公司，也可能使用两种或三种组织形式。所以硬把公司团队组织形式划分为单纯的"直线型"或"职能型"，并不能反映实际情况，顶多只能说明某一层次或某一公司的主要标准而已。

比如，有些公司，老板之下就是一级部门（有的公司，老板与一级经理间还设有副手或协理），设立一级经理的主要目的，在于帮助老板以"分工"及"专门化"的优点完成公司的目标。在一级部门之下，再依实际需要，分设二级、三级部门，以至最基本的个别作业人员（或称"技术"人员，以区别于各级"管理"人员的职责）。

事实上，有的公司用公司"机能"来分一级部门，用"地区"来分二级行销部门，用"产品"来分二级生产部门；再用"过程"来分三级某些生产部门，用"机能"来分三级行销、财务、总务及其他部门。

类似这种组织制度，综合运用了前述几种组织形式，根本无法归类为某一种形式的团队结构，不妨称之为结合式。

事实上，除规模极小的公司外，很少有公司只采用一种组织形式。所以，当设计组织结构时，要根据公司需要，不可只重其外形不重其实质。

实现制度化管理的步骤

实现制度化管理，是现代企业的发展趋势，也是企业提升自身管理水平与竞争力的必由之路。但同时我们也应该认识到，制度化管理的实现不是一蹴而就的，制度的建设与实施是一个循序渐进的系统工程，需要稳步推动。那么，企业该如何进行制度化建设和管理呢？

一、确定企业的"根本大法"

企业要有类似于国家宪法的"根本大法"，对制度进行指导和制约，其他制度一旦与它冲突都应该宣布无效。

制度都是由人来制定的，在很多时候，一旦管理层发生变动，制度也往往会跟着变。但是如果有"根本大法"的制约，要改就难多了。成熟的企业应该有一个章程来明确哪些规定应该由谁来制定，由谁来审查，由谁来通过；如果修改，应该是什么程序等问题。制定这样一个"根本大法"以后，"朝令夕改"就没有那么容易了。

二、确立制定一般规章制度的程序

制度是否能达到预期目的，在一定程度上取决于制定制度的程序是否民主化，制定者是否具有务实精神。一般情况下，制度的制定过程应当充分体现制定者或企业的民主意识和务实精神，这就需要制定规章制度时必须遵循这样一个过程：调查——分析——起草——讨论——修改——会签——审定——试行——修订——全面推行。这就是说，规章制度的制定要经过充分调查，认真研究，才能起草。草稿形成以后，要发到有关职能部门反复讨论，缜密修改。经过有关会议审定后，小范围试行，并对试行中暴露的问题，认真进行修订。其中，重要的规章制度还要提请董事会、党委会或职代会通过，再报上级管理部门批准。只有遵循上述基本程序，所制定的管理制度才能切合实际，才能在管理过程中达到预期效果。

三、确定参与制定规章制度的人员

在许多企业里，规章制度绝大多数都是由几个高层领导来制定的，甚至具体到某一业务标准也是由他们制定的。这种现象似乎已成为一种惯例，但高层领导可能对现场作业流程并不了解。因此，需要从企业中抽调一些不同部门、不同层次的人参与制定规章制度，并选定将来执行规章制度操作管理的人，共同参与其中，必要时还可请管理咨询专家和企业同仁共同设计。这样制定的规章制度就比较规范且具有可操作性。

四、确定规章制度的内容

不同的企业因其生产性质和行业背景不同，规章制度的内容也应有所不同。但是，如果企业的规章制度是符合当今时代发展潮流的，其中就必然包括结合企业自身实际情况的内容，主要包括：企业的民主管理制度；集中管理与分散经营相结合，即集权与分权相结合的运行机制；以参与国际竞争、占领国际市场为目标的经营战略体系；企业的文化生活制度；配套的营销管理、产品研究与开发管理、生产管理、财务管理、人力资源管理等具体制度。

五、有专门的部门负责企业制度的管理工作

这个部门的具体职能是：在制定制度时负责各个部门制度的协调；对企业的制度进行汇编；发现新旧制度有冲突时要及时废止旧制度，确保新制度的执行。

健全的制度应具备的主要特征

健全的制度对任何组织而言都非常重要。社会的发展是如此，企业要生存、要发展，也离不开好的制度。

那么，什么才是健全的制度？它应该具有哪些特征呢？

一、利益相关性

好制度着眼于将目标与执行者的切身利益最大限度地结合在一起，利用人的理性和趋利避害的本性去制约人的弱点，以制度规范管理体系为基本，谋求制度化与人性、制度化与活力的平衡。

当员工认识到制度是在保护自己的利益时，就会积极地维护制度，愿意为制度付出；即使违反了制度也非常明确自己将会受到怎样的惩罚。这样，就实现了制度约束与员工自我约束的有机结合，充分激发员工的自我管理意识，引导员工主动地服从，愉快地付出，创造性地工作。

二、权威性

好制度必须体现至高无上的权威性。任何人、任何组织都必须服从制度。必须坚持制度面前人人平等，违反者必须接受制度的惩罚，就算他们是为了组织或团体的利益，亦不例外。好制度就是高压线，它的威慑力，使生产经营活动有条不紊地进行，使复杂的管理工作有法可依，有章可循，使企业万千之众步调一致。

三、公平性

好制度不因性别、年龄、学历、人情、背景和种族的不同而不同，只因效率高低决定贡献大小，以防止有人不劳而获。

四、具体性

好制度对员工在什么岗位上要做什么都规定得很清楚，能够清楚地指导员工趋利避害，限制员工的主观随意性、做事的隐蔽性，加强相互监督，保证企业正常有序发展。

五、可操作性

好制度定位准确，与企业自身的情况和员工现有的接受能力及素质水平相匹配，使大多数员工不至于因达不到要求而失去信心，也不至于因标准过低而产生懈怠心理。

六、简明性

好制度表述简明扼要，使执行者一看便知道怎么执行，员工一看便明白如何遵守。因此，我们在制定制度时要防止行文过于复杂，避免意思表达含糊。

七、严密性

好制度应当在出台前充分考虑在实施过程中可能遇到的各种情况与因素，尽量做到措辞严密，无懈可击。

八、预防性

建立制度的目的不仅仅是"纠错"，更是为了"预防"：预防其他企业曾经的教训，预防可能发生的错误和可能造成的损失。制度一旦建立，必须力求完整全面。对于可能发生的事情，必须提前想到并做出相应的应对措施，如果等到员工发生不合理的行为后再做出规定，那是不公平的，而且也是很没有效率的制度。

世易时移，变法创新

许多成功的企业，都将自己的成功归因于拥有成熟的制度模式。所以，在竞争局面发生变化的情况下，有些企业的管理者依然信心满满，从不怀疑和否定原有制度继续存在的价值。然而由于墨守成规，造就企业昔日辉煌的制度慢慢蜕变为企业谋求生存道路上的障碍，成为可怕的组织惯性。

有一个关于猩猩的试验能够形象地说明这一问题。研究者把3只猩猩关进一个大笼子里,然后在笼子中间吊上一根香蕉。但是只要有猩猩伸手去拿香蕉,研究者就拿高压水枪去喷它们,直到所有的猩猩都不敢再去够那根香蕉为止。接下来,研究者用1只新猩猩替换出笼子中的1只猩猩。新来的猩猩并不知道笼中的"规矩",所以一进去就伸手拿香蕉。它的这种行为是不符合笼中规则的,于是另外2只"老"猩猩就对它进行了严厉的惩治,直到它屈从为止。原本该由研究者实施的惩罚任务,现在竟然由2只老猩猩"亲自"执行了。

研究者用同样的方法,不断用新猩猩将经历过高压水枪惩戒的老猩猩换出来,直到笼子中的猩猩都是后进入者,但是它们同样对那根香蕉心存畏惧。研究表明,高压水枪威慑出的"组织惯性"束缚着每一只进入笼子的猩猩,使它们将本是腹中美餐的香蕉束之高阁。

这个试验形象地揭示了组织惯性的形成过程。在风云变幻的市场竞争环境中,企业要想赢得优势,就必须随着时代的发展变化迅速调整制度,否则就只能像试验中的猩猩一样,因一时的挫折而故步自封,错失获得成功的大好机会。企业的衰退并不是它面对变故束手无策,而是它所采取的行动已经不能顺应时代了。

企业确定了其经营管理模式后,企业成员就会在实践中熟悉这套模式,并逐渐习惯运用这套程序去解决问题,之后,管理者与员工就很少再去思考这些方法是否依然合理有效了。

曾有一家大型公司计划招聘25名新员工。招聘制度明确规定，只有笔试考试成绩在前25名的应聘者才有资格被录取。有一个候选人，人品和性格都很好，并且拥有丰富的关系资源，这些关系资源能给公司发展新业务提供很多机会。但是他的考试成绩并不理想，排在第26名。面对这种情况，人事部门很困惑：是录取他，还是放弃他？公司领导权衡再三，最后还是决定忍痛割爱。原因只有一个：公司的招聘制度不能违反！

该公司的行为引起社会上很多人士的质疑，什么才是公司"铁的纪律"？"铁的纪律"至少应该具备两个基本条件：首先是制度的时效性，就是说该制度必须符合企业与时俱进的发展要求，符合企业应对同业竞争的市场现状；其次是制度的前瞻性，公司的制度在时效性的基础上，更要能够引领企业走在其他企业前面，顺应时代潮流的发展方向。

可以说，时效性、前瞻性是企业制度缺一不可的两大特质，是其生命的根基。为了使企业真正拥有"铁的纪律"，领导者就必须对所有丧失时效性和前瞻性的规章制度及时进行全面的梳理、修订，这样才能使企业朝着先进、科学的方向发展。

第三章

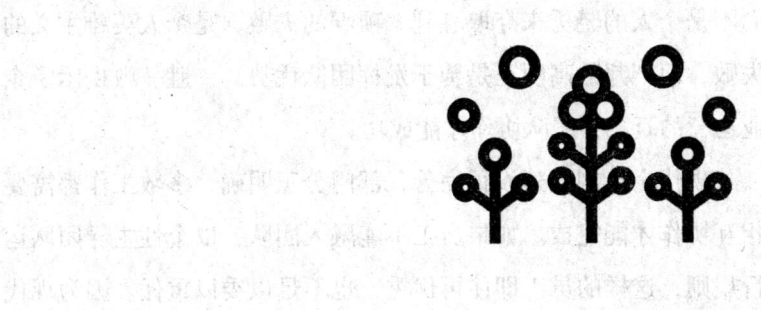

领导是制度首要制定者，
更要做制度第一执行人

建立群体运行机制，绝不能搞个人英雄主义

个人英雄主义主导的团队必然会失败。当年，刘邦与项羽经营着两个不同的"民营企业"。汉高祖刘邦有一句经典名言："夫运筹帷幄之中，决胜于千里之外，吾不如子房（张良）；镇国家，抚百姓，给馈，不绝粮道，吾不如萧何；连百万之军，战必胜，攻必取，吾不如韩信，此三者，皆人杰也，吾能用之，此吾所以取天下也。"与其相反，项羽凭着个人英雄主义，势力一度膨胀，但最终无颜见江东父老，自刎而亡。

客观地说，个人英雄主义在项羽"创业初期"确实发挥了很大的作用。但关键是在其势力壮大、地盘扩大后，面对纷繁复杂的战争形势，他应该及时培养人才，授之以权，通过团队的力量而不是个人的骁勇来夺取胜利。项羽的失败，是个人英雄主义的失败，而刘邦的高明正是善于发挥团队优势。一胜一败揭示了企业运营的真相：团队协作才能成功。

现代企业制度建设很完善，部门分工明确，多数工作都需要相互协作才能完成。如果员工不能融入团队，以个性主导团队运行规则，这样的员工即使再优秀，也不足以委以重任。因为现代企业更注重团队协作精神，拒绝个人英雄主义。因为地位的特殊

性，企业的领导者更容易成为企业的"个人英雄"，所以，企业管理者更应该注意，不能为逞个人英雄而使企业的长期发展陷入困境。

惠普公司原总裁格里格·梅坦曾说："企业的领导不能成为团队的主宰者，尽管企业的领导具有超强的能力，是团队中的英雄级人物。"他还说："作为领导者，我对该组织的构想当然重要，但是仅仅有我的构想还不够。我的观点是我最重要的领导资产，同时也给我带来了最大限度的限制。我认为，老板是轮毂，员工是轮辐，员工之间的谈话以及人际关系的质量是轮边。如果因为同事之间不能解决相关问题，所有的决策都需要通过轮毂，那么这个组织创造价值的能力就会受到老板个人明智程度以及时间的限制。这显然不能造就高效运营的团队。为了创造一种'轮边'会谈，老板就必须有意识地说明什么事情应该由轮毂来解决，什么事情应该由轮辐来解决。"他还举例说明：那些来自世界各地的员工在伦敦相聚，作为老板的他并不参与，因为他们正在寻找解决一个复杂并且有争议的问题的方法，他已经为他们创造了"轮边"会谈的条件，他不希望因为自己的出现而使会谈没有结果。后来，果不其然，他们的会谈很成功。

曾几何时，"万家乐，乐万家"的广告语响彻大地，空调行业对拥有热水器行业龙头品牌背景的万家乐空调寄予了厚望，期望万家乐带领民族企业在国际市场上创造奇迹。在万家乐空调

2002年3月15日上市之后,广大经销商就投入到了销售万家乐空调的队伍中。然而,好景不长,万家乐空调在国内空调市场上销售了一年多之后,于2003年年底爆出被珠海市中级人民法院查封的消息。

一颗冉冉升起的品牌之星瞬间陨落。万家乐的失败就是典型的因为个人英雄主义主导团队而造成的。由此带来的影响是,企业文化不成体系,缺乏企业精神和足够的凝聚力,中下层员工缺乏归属感,最终落得失败的下场。

所有的老板都不应该让个人英雄主义主导团队,不应该过分强调个人的效能,应该更加重视人与人合作所产生的效能。现代社会、现代组织,仅凭一个人的能力和经验已经不能应对所有工作。在任何一个成功的团队里,即使你不是一个受大家敬重的英雄,也会是一个成功者。

领导者应身体力行,带头遵守制度

柳传志有一句名言:"爬喜马拉雅山,可以从南坡爬,也可以从北坡爬。联想一旦决定从北坡爬,大家就不要再争了,哪怕北坡看似更远、更陡、更危险。"他的意思是:企业里所有的制度不是用来讨论的,而是用来执行的。

业务员小张,被公司派往联想集团工作一段时间。第一天刚进公司的时候，一位部门经理接待了她。寒暄之后，他郑重地告诉小张说："你虽然是公司之外的人，但你既然来到本公司，在你工作的这段时间里，一切都按联想公司的人员看待，因此也希望你遵守公司的一切规定。"小张说："那是自然，入乡随俗。这样大的公司，没有制度不成席嘛。"部门经理介绍了一些规定之后，最后提醒小张："联想成立以来，有开会迟到罚站的制度，希望你注意。"他的语气很严肃，但小张没有太在意。

一天下午，集团办公室通知所有中层干部开会，也包括小张这些驻外业务代表。小张临时接了个电话，忘了时间。等她想起来时，已经迟到了3分钟。她刚走进会场，就发现大家出奇地安静，这让她有点不自在。会场后面有个座位，她打算轻手轻脚地进去，以免打扰大家。

"请留步，按规定你要罚站1分钟，就在原地站着吧！"会议主持人站在会议台上，向她认真地说道。小张的脸顿时一片潮红，只好原地站着。总算是熬过了世上最难熬的1分钟，主持人说："时间到了，请回到座位上去。"接着大家继续开会，就像什么也没发生似的，而小张却如坐针毡。

会后，部门经理找到她："小姑娘，罚站的滋味不好受吧？其实你也别太在意了，以后注意就行了，我也罚站过，柳总也曾经罚站过。"

"老总也罚站啊？"她有点惊讶。

"自从联想创建后，10多年来，无一人例外地遵守这个规定。

有一次电梯出了故障,柳总被关在里面,那时手机还不普及,没有人知道他困在电梯里,他叫了很长时间才有人把他弄出来,他也只好认罚。'开会迟到罚站1分钟'也算是联想一种独有的企业文化吧。"部门经理对她说。

柳传志在很多场合说过:"企业做什么事,就怕含含糊糊,制度定了却不严格执行,最害人!""在某些人的眼里,开会迟到看起来是再小不过的事情,但是,在联想,这是不可原谅的事情。联想的开会迟到罚站制度,20年来,没有一个人例外。"柳传志认为,立下的制度是要遵守的。他还说:"在我们公司有规定,一定规模的会议,就是二十几人以上的会议,开会迟到的人需要罚站1分钟,这1分钟是很严肃地站1分钟,不是说随随便便的。"

没有规矩,无以成方圆。所有的企业组织,都有自己的制度,制度不是定来给人看的,而是需要遵守的。无论是谁,只要是这个企业组织的成员,就应该受这个制度的约束,这样才能发挥制度的作用。

要想让员工遵守制度,管理者首先要管好自己,为员工们树立一个良好的榜样,言教再多也不如身教有效。正是柳传志以身作则,联想的其他领导人都以他为榜样,自觉地遵守着各种有益于公司发展的"天条",才使得联想的事业蒸蒸日上。

领导应处于下属的监督之下

联邦快递是一家集邮政快递、物流等为一体的跨国集团公司。弗雷德·史密斯是其中的一任CEO（首席执行官）。在他20多年的经营之下，联邦快递已变成了高科技、集约化、全球化的国际运输集团。在对待员工方面，他有一个独特的做法，就是让员工监督经理。

史密斯对待员工的措施之一是让每个员工都受到公平待遇，为此，联邦快递的管理者们总是必须经过严格的训练并受到密切的监督。每一位管理者上任之后，每年都要接受老板和工人们的评估。如果一位管理人员连续几年所受的评估都低于一个预定的数值，那么等待他的只能是解雇。

联邦快递员工每年都会收到包含29个问题的调查问卷。前10题是与个人有关的工作团队气氛，如："主管尊重我吗？"接下来的问题主要调查直属上司的管理态度，以及关于公司的一般情况。最后一题则与公司去年的表现有关。将调查结果按不同团队做成一览表，并列出各主管成绩。前10题的综合得分则形成领导指标，该指标关系到300位高级主管的红利，而红利通常为资深主管底薪的40%。但若领导指标没有达到预定目标，就拿不到红利。

所以，这项规定对主管而言，意味着他们要与部下融洽相处且善待他们；对员工而言，意味着他们的行为可能影响公司。

联邦快递的主管收到自己以及其他部门主管的成绩一览表

后，便召开部门会议。其目的在于让团队（主管和部属）探究问题并提出改进设想，作为下一年度的主要工作计划和目标。

位于孟菲斯的联邦快递收款部门，在2年前的调查结果中，领导指标只得了70分，远比预期低，却一直没有改善行动。员工抱怨年年情况一样，而且没有人聆听他们说话。直到后来部门经理汉森注意到，"我的上司供应我们所需的支援吗"一题中，他只得了14分。

汉森立刻召开会议，深入探讨。他回忆说："他们直谏我过去两年的不当行为。老实说，我怕得要死，因为他们现在要评我的分数。我足足听训7个小时。"

汉森发誓改变情况，部属也允诺帮忙。他开始常在部门内走动，听取员工心声。他之下的各级中层干部也和自己的团队开会，并且草拟早上5点到晚上10点的弹性工作时间的实施办法。另外还有一项比较特别的办法，就是让因小孩生病而临时不能上班的员工，能在日后弥补意外的旷工时间。这些办法实施后，不仅提高了士气，也提高了生产力。据估计，实行弹性上班时间而减少加班所节省的人力，在两年内为公司省下200万美元。而且，收款部门员工还研究出一套统计评比系统，以更科学、更精确的方法公平评价员工的表现。

总之，事情有了戏剧性的变化。收款部门的领导指标在3年内增加至90分！

管理中有一个著名的"鱼缸"法则，说的是鱼缸是用玻璃做的，透明度很高，不论从哪个角度观察，里面的情况都能看得一清二楚。"鱼缸"法则运用到企业管理中，就是要增加单位各项工作的透明度，将领导者的行为置于全体下属的监督之下，有效地防止领导者享受特权、滥用权力，从而强化领导者的自我约束机制。

让员工监督上司，一般人肯定觉得难以理解："我是管他的，他倒反过来管我，到底是谁管谁？"

其实，员工监督上司只是对管理者的行为进行监督，使其权力的行使有利于工作进程，并不是要干涉上司的具体事务。"鱼缸"法则在管理中的运用，可以充分地监督管理者，并使上下形成合力，更有利于工作的完成。

第四章
用法治取代人治,将自我意识从执行中清除

对滥用权力最有效的约束就是制度

在我国传统文化中，儒家学说无疑占主导地位，其关于人的核心理念是"人性本善论"。由此出发，在涉及治国方略时，性善论认为，既然人性是善的，就没有必要建立、健全各种法律制度，只要加强道德感化即可；只有在道德感化无法奏效的情况下，才辅之以法律，即所谓"德主刑辅"。这样，法律就成了道德的附庸。在权力与法律的关系问题上，性善论支持权大于法。由于他们过分相信掌权者的道德自律，迷信"圣君贤相"，放松了对掌权者的警惕，忽视了对权力的法律制约，导致权力凌驾于法律之上。

相反，西方占主导地位的是"人性本恶论"文化。柏拉图由早年典型的人治论者转变为晚年的法治论者，其重要原因就是他认识到人的统治中混有"兽性因素"。因此，人类必须有法律，并且必须遵守法律。否则，他们的生活就像最野蛮的兽类一样。西方对人性的不信任产生了法治思想，大概始于此。柏拉图的学生亚里士多德在《政治学》一书中指出，人类具有罪恶本性，失德的人会贪婪无度，成为最肮脏、最残暴的野兽，这是城邦幸福、生活和谐的莫大祸害。西方基督教的"原罪说"更加剧了对人性的不信任。性恶论为法治思想奠定了文化根基，既然人性是恶的，就必须努力健全法律制度,防止人性中的贪婪成分恶性膨胀。

然而,对于权力,我们长期以来侧重于道德制约,忽视了加强法律和制度制约的重要性,没有认识到制度建设的根本性、长期性和全局性,以致出现了严重的个人专断和个人崇拜现象。这个教训不可谓不深刻。

一个地方存在一个至高无上的权威并不奇怪,但如果公众心目中的最高权威不是法律,而是所谓的"人格魅力""权力道德",那么这个社会肯定不是法治社会,即便不是"赤裸裸的人治社会",也只能是"法治面纱下的人治幽灵"。在权力高于法的地方,法都是随执掌权力的人的意志而被随意塑造的。这种环境下的法是"人格化"的,没有理性而且多变,人们无法信赖法律,也无法依靠法律,只能转而投向"人身依附"或"权力依附",其结果就是"权钱交易""权力寻租"等贪污腐败现象横行于世。当法律的权威远不及一人之言时,国家就有倾覆的危险。马克斯·韦伯在其著名的官僚制合理性设计理论中也认为,个人魅力型统治,是建立在某个具有非凡气质的领袖人物的人格魅力之上的,行政职务不是一种稳固的职业,也没有按正常途径升迁,全凭领袖个人意志的直接指定,其行政体制的特点是反复无常性。所以,所谓的"人格魅力""权力道德"并不理性,只靠人的内心自律而没有外在的刚性制度、法律加以约束,是极其危险的。

一切有权力的地方都需要对权力进行制约,否则就会造成权力的滥用,这是一条被人类历史反复证明了的客观规律。

权力滥用产生的根源在于权力失去了监控和约束。制度使各项工作程序化和透明化，强化对权力的监控和约束，滥用权力的可能性就会减小；同时，制度中对滥用权力行为的严厉制裁，会使权力滥用的风险和成本增大，从源头上防止滥用权力行为的发生。

追根溯源，权力起源于维护社会公共利益和社会公共生活秩序的需要，就其本质而言，权力乃是一种公共意志，是人类社会和群体组织有序运转的指挥、决策和管理力量。人类的政治发展史表明，权力，作为一种充满魔力的社会客观现象，曾给人类带来过巨大的利益，也给社会造成过深重的灾难，其关键在于权力的运行是否受到合理有效的制约。

人治会影响企业发展的延续性

经济学家研究发现，华人企业是领袖中心型企业，而跨国公司是制度中心型企业。华人企业大都是企业家比企业有名，如企业家李嘉诚；但跨国公司往往是企业比企业家更知名，如可口可乐。

在中国，很多人存在着这么一种看法：一个出色的领导必须具有较强的个人魅力，一个管理水平较高的组织——不管是一个大集团还是一个小组，也肯定是被一个个人魅力较强的人管理着。

换句话说就是：要想把一个组织管理好，个人魅力是一个重要因素，它对管理工作起着决定性的作用。

人治的问题并不在于任何领导者都可能犯错误，而在于无法长期有效，无法保证制度、政策的稳定性和可预期性，在现代高度分工的社会中更是如此。

只有良好的企业制度才能够保证企业的持续发展。在引进西方管理理论的时候，应注意这一关键的因素，而不应过多地关注领袖和手段等因素。

改革开放以来，中国的企业发展壮大起来的虽然不少，但是能成功地完成领导人交接，并使企业保持持续发展的却凤毛麟角。因为其从根本上将保证企业持续发展的原动力搞颠倒了，人们将希望寄托在一个"有本事""有魅力"的企业领袖身上，以为他在其中起着决定性的作用，但是事实上起作用的是制度。

不可否认，管理者的个人魅力在管理中起着积极作用，然而个人魅力是难以模仿和传承的。可以看到，改革开放以来，国内许多企业取得了不错的发展，涌现了一批知名企业和企业家，他们或因杰出的才能、非凡的人格魅力，或因"时势造英雄"而成为企业的绝对主宰和精神领袖，当这个人因某种原因离开后，这家公司的状况也大不如前。这种脆弱的人治直接影响企业长远、稳定的后续发展。

对一个组织来说，有一个个人魅力大的领导是好事，但要把这种好事延续下去却较难。因为一旦某个人的个人魅力大，就会对自己的魅力过于自信，管理过程中也会特别重视个人魅力的作用，从而忽略了系统的管理制度以及管理文化的确立，时间长了就会演变为人治。一旦这个人离开该位置，那么这个组织就可能风光不再了，除非再出现一个个人魅力极大的人，或是一位出色的、具有先进管理思想的领导。

某位董事长曾说："为什么我们第一代企业领导人一旦退休，或者突然发生意外的时候，这个企业就垮了？原因就在这里，它没有制度化。因而，只有为企业建立了一套制度的企业家才能算是成功的企业家。比如说美国'开国之父'华盛顿，他制定了美国宪法和民主的选举制度，他的伟大在这里，而不在于他是开国总统。实际上对企业来说，成功与否关键在制度。就是我不在，公司还能很好地发展下去，这才是最大的成功。"

只要制定了相应的制度并切实执行，不管是谁当领导，都能将公司经营好，这才是持久的管理。

假如一个有特殊本领的人，不论白天或黑夜，只要看一下太阳或星星，就能准确地告诉你时间，我们可能会对他肃然起敬。然而，如果这个人不只是告诉我们时间，而是发明时钟，让它永远向我们报时，即使他去世了也不怕，那么，这个人不是更加伟大吗？

同样，作为一个企业的领导人，如果没能建立一套行之有效的机制，那么无论他的个人领导力和魅力多么出色，他所扮演的也仅仅是"报时者"的角色，企业一时的兴旺仅仅是建立在他个人能力之上。但如果企业建立了一套运行机制，可以使企业在任何人的领导下，经历多次产品生命周期后仍然欣欣向荣，这就是"造钟"者了。从这种意义上讲，企业能否持续发展，不能仅仅依赖于某个好领导、好班子。古语说"授人以鱼，不如授人以渔"，持续发展的关键在于制造一台运转良好的"时钟"，即建立一套行之有效的机制。

被誉为"企业管理之神"的台塑集团创办人王永庆，从建立台塑，到带领台塑走上巅峰，多年来，一步一个脚印地建立和完善着企业的制度。令人称奇的是，屡次经济波动，台塑都没有受到多大影响，一直保持着稳健的发展势头，可以说，完善的制度功不可没。

罗宾斯指出，当组织开始制度化以后，它就有了生命力，独立于组织建立者和任何组织成员之外。它具有稳定性和连续性，不会因为领导的更换而发生变化。

一个组织的长生不老绝不仅仅依赖于其英雄人物的"超凡卓识"，在更大程度上应依赖于规章制度体系。在组织中，人是暂时的，制度是永恒的。企业在不同的阶段面临着不同的问题，需要不同的领导才能，不可能有哪一个人完全具备不同阶段所需要的所有才能。没有人能永远充当成功的管理者，只有好的制度才可以永远发挥作用。这样，在一代代管理者的传递中，企业的精华非但没有丢失，反而被丰富了，企业也得到了更好的发展。

当企业形成完整的制度体系后，不仅企业领导，就连一般员工的工作也有了延续性。某员工离开某岗位时，接管其工作的后来者可以依照原有的"制度"迅速展开工作。这就是长青企业职员可以频繁流动或较长时间休假，但公司照样能有效运转的奥秘。

总之，规范的制度，能使企业的各项事业按照同一机制和程式发展，从而具有了自主发展壮大的能力，有效地解决了人治情况下延续性缺失的问题。

用制度化管理减少决策失误

无论是一个国家，还是一个企业，都会涉及决策问题。曾获诺贝尔经济学奖的美国著名管理学家西蒙有句名言："管理就是决策。"由此可见决策在管理过程中的重要性。

对国家而言，一个错误的决策可能给民族带来无法弥补的损失，如二战时期希特勒统治下的德国；而对企业而言，一个错误的决策可能葬送该企业，如巨人集团准备投资12亿元建造70层大厦的宏伟计划，最终造成了企业的倾覆。

调查显示，大多数企业失败在于投资失误，投资失误源于决策失误，决策失误往往是企业领导独裁即"人治"所造成的。

大部分成功企业是由一两个领导人物执掌大权，主导企业的命运,这种现象可以看作企业的"人治",实质上是主观的、感性的、一个人说了算的企业管理模式。

应当说,创办和管理一个企业,在一定时期、一定条件下,一个人说了算有一定的合理性,国内外也有不少成功的事例。但是,这种成功是相对的,一般仅存在于企业创业的初期或早期。那时,企业的规模比较小,条件也比较差,创业者害怕失败,不敢乱来。在这样的心态下,就算是一个人说了算,在决策之前也比较注意听取别人的意见。因此,在创业早期,一个人说了算还有其正面而积极的作用。

但是,一个人说了算在特定条件下的效率与科学意义上的效率不能画等号。在没有科学民主的决策程序的情况下,企业的前景和发展趋势是很难预测的。如果将企业的命运寄托在领导者个人身上,把一个人说了算看成是科学的管理方法,一直坚持下去,早晚要走到尽头。

市场主体的独立性、自主性、平等性、竞争性,要求制度起到引导、规范、调整、制约、保障的作用,这就决定了市场经济只能是法治经济。随着我国市场经济的发展和企业自身利益的需要,从人治走向法治是一种必然趋势,企业只有深刻解读制度化管理的内涵,减少人为不确定因素的影响,才能真正走上稳健的发展道路。

制度化管理从根本上排斥"一言堂",排斥没有科学依据的决策。企业的决策过程程序化、透明化、科学化,可以使决策结果经得起实践的检验和市场的考验。

制度化管理可以纠正个人错误，即使领导者决策失误，也有一套纠错机制扭转失误。坚持依法治企，建立一套完善的现代企业制度并加以贯彻实施，由"能人治理"变为"制度治理"，是企业实现基业长青的必由之路。

第五章 没有铁的纪律，就没有高效执行的团队

纪律是高效执行力的重要保证

看一个企业的执行力如何，可以从 3 个层面判断：纪律、效率和细节。其中，纪律排在第一位，是执行力当中最重要的环节。

在国内企业中，海尔可以说是执行力较卓越的一个。从一个濒临倒闭的小厂成为世界知名品牌，是什么改变了海尔？答案就是：纪律！当年，张瑞敏接手那个濒临倒闭的小电器厂时，就是从纪律着手的。

那时，张瑞敏颁布了著名的"13 条"，包括不许打骂人、不许在工作时间抽烟喝酒、不许在车间大小便等。现在看起来像荒唐的笑话，却是当年工厂实实在在的情形，由此可以想象那时海尔员工的整体纪律状况。

随后，张瑞敏编写了 10 万字的《质量保证手册》，制定了 121 项管理标准，49 项工作标准，1008 个技术标准。在张瑞敏眼里，海尔作为由众多大公司集合起来的集团，要想正常运作，需要一套纪律协调各个机构的计划和行动，以便各机构统一面对市场，实现卓越经营，所以海尔从创立之初就非常强调员工的纪律意识。

现在，海尔的员工很少出现上班迟到的现象。为了不迟到而打的去上班，这被看作是天经地义的事情，因为如果不及时赶到，便是违反了纪律。

纪律是执行力的重要保证。什么是纪律？纪律首先是服从，下级服从上级、部门服从公司、公司服从集团。令行禁止，决定的事和布置的工作必须有反应、有落实、有结果、有答复。

喜欢足球的朋友都知道，德国国家足球队向来以作风顽强著称，因而在世界赛场上成绩斐然。他们成功的因素有很多，但有一点很重要，那就是德国足球队队员在贯彻教练的意图、完成自己位置所担负的任务方面执行得非常有力，即使在比分落后或陷入困境时也一如既往，没有任何借口。

你可以说他们死板、机械，也可以说他们没有创造力，不懂足球艺术。但成绩说明一切，至少在这一点上，作为一个团队，他们是优秀的，因为他们身上具备执行力文化的特质。

无论是一个团队，还是团队中的一名成员，如果没有完美的执行力，就算有再强的创造力也不可能取得多么好的成绩。

执行力就是有纪律。没有纪律就没有执行力，也就没有战斗力。

对企业而言，没有执行力，就会失去生存空间。相当一部分企业发展缓慢，业务萎缩直至最后被淘汰出局，主要原因之一就是缺乏纪律，从而导致缺乏执行力。

执行力是决定企业成败的一个重要因素，是企业核心竞争力形成的关键。如果你的团队和员工都具有强烈的纪律意识，在不允许妥协的地方绝不妥协，不需要借口时绝不找任何借口，你会欣喜地发现，你的团队已经具备了非凡的执行力。

对员工进行严格的纪律训练

西点军校是美国历史最悠久的军事学院，它曾与英国桑赫斯特皇家军事学院、俄罗斯伏龙芝军事学院以及中国黄埔军校并称为世界"四大军校"。建校200多年来，西点军校一直被称为美国陆军军官的摇篮。它培育了一代又一代军事人才，其中2人成为美国总统（格兰特和艾森豪威尔），还有4000名将军、数万名中级军官。

除了善于"制造"政界、军界领军人物，西点军校更是培养商界领袖的摇篮。二战后，世界500强企业中，共有1000多位董事长、2000多位副董事长、5000多位总经理来自西点军校。这样看来，西点军校又堪称美国最优秀的"商学院"！

是什么造就了这种辉煌？是纪律训练！

西点军校非常注重对学员进行纪律训练。为保障纪律训练的实施，西点有一整套详细的规章制度和惩罚措施。比如，如果学员违反军纪军容，校方通常惩罚他们身着军装，肩扛步枪，在校内的一个院子里正步绕圈走，少则几个小时，多则几十个小时。类似的纪律训练要整整持续一年，纪律观念由此深深根植于每个学员的大脑中。纪律训练同时还增强了学员们的自尊心、自信心和责任感，这些都是让人受益终身的精神和品质。

一位企业董事长在西点军校接受了严格的纪律训练，他深有感触地说："它帮助我成为了一名合格的陆军指挥官。在后来为企业服务的职业生涯中，我成功地把这种纪律观念灌输给我的每一个下属，它又帮助我获得了不凡的成功。我发现，纪律的作用和重要性，比人们通常所想象的还要大。"

万科总经理郁亮曾详细解释过西点模式。他说："在万科看来，所谓西点模式，首先，意味着一种精神，一种强调'责任、国家、荣誉'的精神。放在今天的企业里面，则意味着一种强调'责任、团队、荣誉'的精神，意味着纪律与服从，团队与协作，以及一种坚韧不拔、自强不息的顽强意志。其次，意味着一套体系。西点军校学员自入校之日起，就要进行严格的检验与筛选，优胜劣汰。每个学员在考入西点军校前都要做好被淘汰的思想准备。第一学年新生淘汰率为23%，最终能学完4年毕业的学员只占入学总人数的70%左右。完善的教学体系，严格的日常管理，高度的竞争精神，自觉的约束机制，为西点军校200年来人才辈出提供了保障。最后，意味着一套成熟的管理模式。战场之上，情况瞬息万变，一点小小的疏忽，都有可能铸成大错。商场如战场，同样必须经常面临'滑铁卢'。因此，强大的领导管理能力、快速灵活的应变能力、准确高效的执行能力、配合默契的协同作战能力，不仅在战场上行之有效，在企业中同样不可或缺。"

郁亮还曾在文章《万科向西点学什么》中这样写道："很多

时候，我们说，万科就像一个足球队。强调团队，但不反对创造；强调纪律，但不反对想象；有秩序但不呆板，有活力但不冲动。他们是理想的，也是现实的；他们是开放的，也是学习的；他们是快乐的，也是年轻的。相当长一段时间里，万科一直被认为是中国房地产业的'黄埔军校'。万科年轻的职业经理团队以其独特的团队精神、职业精神和张扬的个性，在中国新兴企业的发展历程中独树一帜，形成了独特的理想主义品格。"

巴顿可以说是美国历史上个性较强的四星上将，他在纪律问题上，态度毫不含糊。他深知，军队的纪律比什么都重要。他认为，纪律是保持部队战斗力的重要因素，也是士兵们发挥最大潜力的基本保障。所以，纪律应该是根深蒂固的，它甚至比战斗的激烈程度和死亡的可怕性质还要强烈。纪律只有一种，这就是完善的纪律。假如你不执行和维护纪律，你就是潜在的杀人犯。巴顿如此认识和执行纪律，并要求部属也必须如此，这是他成就事业的重要因素之一。

乔治·福蒂在《乔治·巴顿的集团军》中写道："1943年3月6日，巴顿临危受命为第二军军长。他带着严格的铁的纪律驱赶第二军，就像摩西从阿拉特山上下来一样。他开着汽车辗转于各个部队，深入营区。每到一处都要啰啰唆唆地训话，诸如领带、护腿、钢盔和随身武器及每天刮胡须之类的细则都要严格执行。巴顿由此可能成为美国历史上最不受欢迎的指挥官。但是第二军发生了变化，它变成了一支顽强、具有荣誉感和战斗力的部队……"

有位著名的田径教练,经常苦口婆心地劝运动员把头发理短。据说,他的理由是:问题并不在于头发的长短,而是在于他们是否遵守纪律、服从教练。

此事与"洗脑教育"颇有异曲同工之妙。所谓"洗脑"不外乎长期向受教者灌输一条规则,即使受教者心存反感,但强制性灌输使他们丧失了思考能力,只好服从。

这与训练军事人员的方法也有类似之处。新兵入伍时,往往采取"斯巴达式"的各种训练。这种做法的优点在于,使下属的身体疲惫不堪,没有提出反对的余地,渐渐形成无条件服从上司的心理定式。这种行为如果积累下来,便可形成绝对服从的团队纪律。

企业员工也同样处在一种命令系统之中。例如,在一个团队中,若下属不能服从上司的命令,那么在执行任务、达成共同目标时,就可能产生障碍。反之,如能完全发挥命令系统的机能,此团队凡事必可胜人一筹。

这并非要企业将其员工以军队方式加以训练,而是从团队战斗力和执行力的角度,促使下属养成遵守纪律的习惯。

说到底,企业的基础是员工,"基础不牢,地动山摇"。如果把企业作为一部机器,那么无论是管理人员、技术人员,还是操作人员,都是机器的零部件,只有零部件运作正常,整台机器的运行才能正常。一个团结合作、富有战斗力和进取心的企业团队,必定是一个纪律严明的团队。对于企业和员工而言,敬业、服从、协作等精神永远比其他任何东西都重要。但这些优良品质并不是与生俱来的,所以,不断加强纪律训练和思想灌输就显得尤为重要。

强化纪律,赏罚分明

自古以来,管理国家、军队、企业都有一条有效铁律,那就是"赏罚分明"。在企业里,管理者只有赏罚分明,才能不断强化正确的行为、抵制错误的行为。"赏"是对员工正确行为的肯定,帮助管理者旗帜鲜明地表明,员工哪种行为是自己所赞同的;"罚"是对员工错误行为的否定,表明哪种行为是被管理者禁止的。

纵观历史,但凡有名的军事家,在治军上都是法纪严明的。比如诸葛亮,作为三国时期最著名的军事家之一,他管理所有军政事务的手段之一就是赏罚分明。对有功者,他施以恩惠,不断激励;对有过者,他严肃法令,秉公执法。

有两件事可以反映诸葛亮的赏罚分明:第一件事,诸葛亮首次北伐时,马谡大意失街亭,致使诸葛亮北伐之旅彻底失败。诸葛亮退军后,挥泪斩了马谡。同时,对在街亭之战立下战功的大将王平予以表彰,擢升了他的官职。第二件事,作为托孤重臣的李严,一直为诸葛亮所器重。但在北伐时,李严并没有按时将粮草提供给前线，反而为了逃避责任，在诸葛亮和刘禅之间两头撒谎，诸葛亮不明就里，只得退军。后来诸葛亮了解到真相，立即将李严革职查办。

街亭一战，可以说是诸葛亮平生最为狼狈的一次战役。街亭战后，诸葛亮对马谡的罚以及对王平的赏，都充分体现了他恩威并施的不凡智慧，不仅使军纪得到了整肃，士气也得到了极大的鼓舞。在现代企业管理中，管理者也应该像诸葛亮一样，有奖有罚，恩威并施，这也是对员工很重要的一种激励手段。形象一点来说，就是要管理者用好手中的"棒棒糖"和"狼牙棒"，要使员工明白，努力工作就能尝到"棒棒糖"的甜，犯了错误就要感受"狼牙棒"的痛。

赏罚分明，就是要做到有理有据。摩托罗拉就是赏罚分明的代表。摩托罗拉年终评估以及业务总结会一般都是在次年元月进行。公司对员工个人的评估是每季度一次，对部门的评估是一年一次，年底召开业务总结会。根据一年来对员工个人和部门的评估报告，决定员工个人来年薪水的涨幅，并决定哪些员工可以获得晋升机会。每年的2至3月份，摩托罗拉都会挑选一批优秀员工到总部去考核学习，5至6月份会定下哪些人成为公司的管理职位人选。

摩托罗拉员工评估的成绩报告表很规范，是参照美国国家质量标准制定的。摩托罗拉员工每年制定的工作目标包括两个方面：一个是宏观层面，包括战略方向、战略规划和优先实施的目标；

另一个是业绩，它可能包括员工在财政、客户关系、员工关系和合作伙伴之间的一些作为。摩托罗拉员工的薪酬和晋升都与评估紧密挂钩，虽然评估的目的绝不仅仅是为员工薪酬调整和晋升提供依据，但是，在这一过程中，评估确实体现了摩托罗拉赏罚分明的管理制度。

企业和军队一样，都是组织。一支军队赏罚分明，可以提高战斗力；一个公司赏罚分明，可以提高市场竞争力。如果赏罚不明，一切制度都成了虚设；赏罚分明，制度就容易得到巩固和完善。企业管理者在赏罚分明方面要注意3个问题：第一是有过必罚。一个组织必须讲究制度和纪律，团队事务是公，不能因为个人感情而有过不罚。有过不罚，就等于企业管理者自动放弃了惩罚机制。第二是有功必赏。下属有功劳而不能获得奖赏，其工作便会失去主动性和积极性。第三是奖罚一定要双管齐下。下属取得成绩，及时给予奖励和肯定，以此来激励下属取得更大的成绩；下属犯了错误，给予批评和惩罚，以此来警醒其改正错误。另外，赏罚一定要公平，否则会引发员工的抵触心理。

不杀鸡，就唬不了猴

《左传》记载：孙武去见吴王阖闾，与他谈论带兵打仗之事，说得头头是道。吴王心想："纸上谈兵管什么用，让我来考考他。"

于是，便出了个难题，让孙武替他训练姬妃宫女。孙武挑选了100个宫女，让吴王的两个宠姬担任队长。

孙武将列队训练的要领讲得清清楚楚，但正式喊口令时，这些宫女笑作一堆、乱作一团，谁也不听他的。孙武再次讲解了要领，并要两个队长以身作则。但他一喊口令，宫女们还是满不在乎，两个当队长的宠姬更是笑弯了腰。孙武严厉地说："这里是演武场，不是王宫；你们现在是军人，不是宫女。我的口令就是军令，不是玩笑。你们不按口令训练，两个队长带头不听指挥，这就是公然违反军法，理当斩首！"说完，便叫武士将两个宠姬杀了。

演武场上顿时一片肃静，宫女们吓得谁也不敢出声。当孙武再喊口令时，她们全部步调整齐，动作规范，老老实实地训练起来。

在现实生活中，管理者也时常会遇到这样的情况：无视纪律，人心浮躁，甚至还有派系纷争，整个公司都被搞得乌烟瘴气。要想进行治理，就必须当机立断，对为首者加以严惩，而且事不宜迟，越快越好。倘若管理者还顾念人际关系，避免人事冲突，任由局势继续恶化，那么最后还要承担失职的责任。如果姑息养奸，只能说明他缺乏魄力，是一位不称职的管理者。这种情况下，管理者有必要抓住一个典型，开一开"杀戒"，使千万人为之警惕畏惧。这是维护纪律的一种有效方法。

古人云："劝一伯夷，而千万人立清风矣。"要规范组织的正常秩序，惩罚必不可少。如果对待严重违反纪律的人"心太软"，必定会给自己和组织带来更大的伤害。要知道，规章制度不是用来摆样子的,是必须动真格的。但惩罚毕竟只是手段而不是目的,虽然不能迁就大多数,不能有法不责众的观念,但也并不代表要处罚大多数。实际上,一方面,这个大多数很可能是"伪众";另一方面,之所以人们有法不责众的思想,往往是因为最初没有好好执行制度,违反者并未受到惩罚,甚至能得到利益,于是违反者越来越多,最终成了"真众",让管理者骑虎难下。

  无论是哪种情况,杀一儆百这一招都是不错的选择。对于"伪众",由于很多人是受了某种迷惑,所以严惩为首者即可;而对于"真众",就要在制度推行时杀一儆百,维护制度的威严,防止"真众"的形成。

  在任何团体中,皆有扮演"被杀"角色的人存在。但这个角色绝非每个人皆能胜任,该角色的最佳人选一定要开朗乐观、不钻牛角尖,并且不会因为受到惩罚而意志动摇。

  "杀一儆百"策略,对树立制度的威严、增强员工的纪律性具有十分显著的效果。但是,在具体运用时也要注意以下几点:

一、严打出头者

  如果办公室里已经暴露了失序的苗头,管理者就该注意观察,抓住第一个以身试法者,并从速从严予以处置。这样做有两个好处:第一,第一位只有一个人,容易处置;第二,第一位胆量大、影响坏,若不及时处理,便会有效仿者紧随其后。

二、敲击情节严重者

如果同时出现好几位违纪者，应当缩小打击面，重点惩处情节严重、性质恶劣、影响最坏者，其他人给予适当的批评教育。如果不加选择，一律照打，可能会产生不良影响：第一，由于打击面过宽，使大家产生每个人都有错误之感，达不到"警"的目的；第二，会影响工作；第三，树敌太多，影响管理者的威信。

三、惩处资深人员或中层干部

如果违纪者中有资深人员或肩负重任的中层干部，对其进行惩处，效果会更好，更能对普通员工起到警告作用。试想，有实绩的人或部门主管都被惩处、指责，其他职员能不感到紧张而加倍努力工作吗？

四、惩处要使对方心服口服

既然是惩罚，肯定都是无情的。作为管理者，在使用这一手段时，也要考虑到对方的情绪。应当注意：第一，惩处方式不能过于偏激，要留有余地，能被对方接受；第二，惩处要有理有据，根据纪律规定来执行，使被惩处者心服口服，无话可说。

五、惩处要恩威并用

"抓典型"只是管理的一种手段，但不是唯一的手段，它不是以打击报复为目的。所以，还须辅之以"恩"，软硬兼施。这样，被惩处者在被"杀"的同时，又感受到了一些关爱。管理者也能因此树立起一个可畏可敬的形象。

六、要注意频率和次数

此法不能用得太频繁，否则会引起下属们的不满，甚至认为管理者只会处罚人，缺乏管理能力，从而从心里看不起管理者，影响管理者的形象。

第六章
搭建规范的竞争平台,才能人尽其才

机制的最大意义是保证人尽其才

企业实现执行力的关键是需要建立一种协同个人贡献的机制，即"群体运行机制"。企业的管理者为了提高公司业绩和执行力，已经越来越重视人才的使用。但大量事实证明，单纯关注个体员工使用的管理者并不能保证一个组织高效运行。

保证人尽其才，并使这些人才协同一致，以此来提升团队的运行效率。迪克·布朗就是设计这种制度的高手。他在1999年1月当上了IT服务业的巨人——电子数据系统公司（EDS）的CEO。在他上任之前，公司庞大的规模和全球化经营使EDS陷入了繁杂的事务中。EDS试图调整业务，但结果很不理想——业务大幅萎缩，连续几年未能达到预期赢利。

布朗创立了群体运行机制，以保证业务的成功。其中最重要的一项是每月一次的"执行会议"——一个包括来自全球约100个EDS业务主管的电话会议。在会议中，每个单位的月成果和自年初的累积成果都要被讨论到。这样很快就可以知道谁做得好，谁需要帮助。这使每个部门不得不高效工作，避免居人之后。另外，在与业绩不理想的主管对话的过程中，布朗会刨根问底式地询问，使落后者感到压力，从而迎头赶上。

布朗设计的群体运行机制以其公开、公平、透明的特点赢得了公司上下的赞誉，每个主管都会根据业绩的需要自觉调整自己的团队，力求每一个人都是在他最合适的岗位上工作。布朗每两周都要给全体员工发一份电子邮件，让他们了解公司的一些特别成就，同时讨论公司在优先业务里所处的状态，这种做法使公司的共同目标得到加强，决策得到传达。到1999年年底，EDS群体运行机制的效果明显体现出来了，公司各级主管把关注点转移到吸引和留住人才上，促使人尽其才。同时，公司里的每一个员工对公司自身的成长、客户满意度以及责任感的关注也日益增强。EDS的业绩由此直线上升。

随着组织成员越来越多，协同一致就成了更大的挑战。为了分摊责任，公司往往会创建一种组织构架。建立这种构架时，也就是组织内部的社交互动发生改变的时候。通常，一个部门到另一个部门的信息流动会遇到障碍或者被歪曲。公司规模越大，人们分享信息、做出一致决策和调整其优先业务的难度就越大。决策的速度变慢，执行力的优势就会被削弱。因此，企业运行机制的最大意义是保证公司各项信息流动的便捷性、有效性和准确性。

没有伯乐，也能发现千里马

世界各国中，第一个使用客观标准来选拔人才的国家是中国，这就是我们平常所说的科举制。虽然这个制度有其一定的历史局限性，但它毕竟用了一个相对客观的标准来选拔评判人才。因此科举制也得以漂洋过海，成为西方文官制度的鼻祖。当然，由于受人治的影响，科举制不可避免地存在很多局限性，而且科举制是政府选拔人才的方法，并不是用市场的标准来评判人才。

人才选拔的标准多种多样，不过基本上可以归纳为两个标准：主观的和客观的。

现代社会，全球实行市场经济制度的国家越来越多，使用市场的标准来选拔人才也被越来越多的机构认可。特别是一些跨国公司，都有一些如市场占有率、利润增长率等经营业绩的硬指标来评判一个企业的领导人才，而较少用主观标准。企业人才的选拔必须客观指标多于主观指标，就像选好马就必须到赛马场一样，要比成绩，而不是比外观。

"赛马"的好处很多，它可以避免伯乐单独相马而导致的人治问题，可以解决伯乐相马一眼定终身而使群马不求上进的问题，可以解决因伯乐数量不足、精力不够带来的群马可能机遇不等的问题，它有利于好马戒骄，次马防馁，大多数马时刻处在跃跃欲试的备赛状态。

"赛马"机制的广泛推广，必然会对育马、养马、驯马提出新的要求，从而产生更多的好马。

当然，提倡"赛马"，并不是要否定伯乐的作用。"赛马"仍然包含着相马的工作，只不过是要将这项工作放到更广阔的空间里去做，并使之建立在实践基础和群众基础之上。在"赛马"过程中，需要伯乐当好组织者和裁判员。同时，实行"赛马"还要求伯乐扩大职业范围，把发挥所长和更新知识结合起来，去研究和参与育马、驯马、养马工作。从另一方面看，在"赛马"中，由于吸引群众参加了相马工作，无形之中就扩大了相马者的数量，伯乐的队伍就大得多。这对那些专门从事伯乐工作的人也是一种促进，这对改变他们原先孤身"奋战"、疲于奔命的状况，也颇有裨益。

"赛马"坚持实践第一，重量化指标和客观效果，而"相马"往往凭经验定性，带有浓重的主观主义和人治色彩；"赛马"是公开透明的，让人一目了然，而"相马"往往是少数"伯乐"的"决定"，容易引起非议，也容易导致腐败。

"赛马"中人才是主动参与者，他们能够主宰自己的命运，而在"相马"中，人才是被动的。

"赛马"都有明确的"赛马"规则，量化的"赛马"条件，而且多在大庭广众之下进行，赛的结果比较真实，容易让人信服。而"相马"不仅要受到"伯乐"眼界的局限，还容易受到其他因素左右，其结果往往会引来争议。

"赛马"的参与者因为是凭借自己的实力脱颖而出的，因此更加珍惜到手的成果。而因"相马"受到任用的人，很容易对"相"中他的"伯乐"感恩戴德，只对其负责，在工作中很难做到公私分明。

"赛马"凭借的是真才实学和过硬的业务水平，而"相马"很容易诱导那些参与者去做表面文章，助长人们相互猜忌、明争暗斗的歪风邪气。

"赛马"机制改革了传统的选人方法,使人尽其才,才尽其用,人人都在公平的基础上进行竞争。这种竞争机制的引入有利于克服企业中人浮于事、干部能上不能下的人事矛盾,经常保持人事相宜,带给企业的好处是很多的。

"赛马"和"相马"都是人才的选拔手段,其宗旨都是为人才创造脱颖而出的条件,而执行起来的结果却大相径庭。可以说,"赛马"机制是符合市场经济发展规律的一种人才选拔方法,值得我们学习借鉴。

用规范的程序保证薪酬制度的质量

制定健全科学的薪酬制度,是企业制度建设的一个重点,也是推行制度化管理的核心内容。企业薪酬制度是诱导员工行为因素集合于企业目标体系的最佳连接点,即达到特定的组织目标,员工将会得到相应的奖酬。因此,需要有一套完整而正规的程序来保证其质量。

一、确定企业薪酬的原则与策略

这是企业文化的一部分内容,是以后诸环节的前提,对后者起着重要的指导作用。在此基础上,确定企业的有关分配政策与策略,如分配的原则、拉开差距的标准、薪酬各组成部分的比例等。

二、职位分析

职位分析是确定薪酬制度的基础。结合企业的经营目标，企业管理层要在业务分析和人员分析的基础上，明确部门职能和职位关系，规范职位体系，编制企业的组织结构系统图。人力资源部和各部门主管合作编写职位说明书。关于这方面的著作较多，在此不再赘述。

三、职位评价

职位评价重在解决薪酬的内部公平性问题。它有两个目的：一是比较企业内部各个职位的相对重要性，得出职位等级序列；二是进行薪酬调查，建立统一的职位评估标准，消除不同企业间由于职位名称不同，或即使职位名称相同，但实际工作要求和工作内容不同所导致的职位难度差异，使不同职位之间具有可比性，为确保薪酬的公平性奠定基础。它是职位分析的自然结果，同时又以职位说明书为依据。

职位评价的方法有许多种，比较复杂和科学的是计分比较法。它首先要确定与薪酬分配有关的评价要素，并给这些要素定义不同的权重和分数。在国际上，比较流行的如 HAY 模式和 CRG 模式，都是采用对职位价值进行量化评估的办法，从三大要素、若干个子因素方面对职位进行全面评估。

大型企业的职位等级有的多达 17 级以上，中小企业多采用 11～15 级。国际上有一种趋势是"减级增距"，即企业内的职位等级逐渐减少，而薪酬级差变得更大，呈现出宽幅化的特点。

四、市场薪酬调查

市场薪酬调查重在解决薪酬的外部公平性问题。薪酬调查的对象,最好是选择与自己有竞争关系的企业或同行业的类似企业,重点考虑员工的流失去向和招聘来源。薪酬调查的数据,要有上年度的薪酬增长状况、不同薪酬结构对比、不同职位和不同级别的职位薪酬数据、奖金和福利状况、长期激励措施以及未来薪酬走势分析等。

五、确定薪酬水平

通过薪酬结构设计为不同的职位确定的薪酬标准,虽然在理论上是可行的,但在实际操作中,若企业中每一职位都有一种独特的薪酬,就会给薪酬的支付和管理造成困难和混乱,也不利于对员工进行管理与激励。所以,实际上总是把众多类型的薪酬归并组合成若干等级,如200分以下的职位薪酬水平为第一级,200～400分的为第二级,以此类推。

薪酬等级数目应视企业的规模和行业的性质而定,其多寡并没有绝对的标准。但若级数过少,员工会感到难以晋升,缺少激励效果。相反,若数目过多,则会增加管理的困难与费用。

另外,还要给每一等级都规定一个薪酬变化的范围,或称为薪幅,其下限为等级起薪点,上限为顶薪点。各等级的薪幅可以一致,但比较常见的是随等级上升而呈累积式的扩大。相邻等级的薪幅之间会出现重叠,这不仅是不可避免的,也是必要的和有益的,可以使员工在某一等级内获得较高的薪酬,从而激发他们的工作热情。但重叠的部分不宜过多，否则可能会出现员工在晋升后薪酬反而降低的现象。

六、薪酬的实施与修正

薪酬制度一经建立，就应严格执行。在保持相对稳定的前提下，还应随着企业经营状况和市场薪酬水平的变化做相应的调整。

在激励员工的过程中，管理者要给员工提供一套令他们满意的薪酬体系，这对全面使用各种激励方法具有奠基作用。

灭恶性竞争之风，立良性竞争之气

人对于美好事物都有羡慕之情，这种羡慕之情来源于对别人拥有而自己没有的好的东西的向往。关系亲密的人，这种羡慕之心尤为显著。

很多人羡慕别人的长处，就会鞭策自己，努力工作，刻苦学习，赶超对方。这种人会把羡慕渴求的心理转化为学习、工作的动力，通过与同事的竞争来缩短彼此间的差距。这种行为引发的竞争就是良性竞争。

良性竞争对企业有很大的好处，它能促使企业员工之间形成你追我赶的学习、工作气氛，每个人都积极思索如何提高自己的能力，掌握更多的技能，从而取得更大的成就。这样一来，企业的整体水平就会不断提高，充满生机与活力。

但并不是所有的人都明白良性竞争的道理，有些人由羡慕转为忌妒，甚至是嫉恨。这种人不但自己不思进取，还会想出各种见不得人的花招打击比自己强的人，拉先进的后腿，让大家扯平，以掩饰自己的无能。这种恶性竞争只会影响先进者的积极性，使员工之间戒备心变强。如果整个企业长时间处在这样的气氛中，那么员工的大部分时间与精力都会耗在处理人际关系上，就是身为管理者的你也会被如潮涌来的相互揭发、抱怨湮没，这样的组织你还能有什么指望呢？

在这样的公司里，大家相互抗拒，工作不能顺利完成，怕打击报复，谁也不敢冒尖。人人都活得很累，但是公司的业绩却平平。

如果你是一个组织的管理者，平日一定要关心员工的心理变化，在公司内部采取措施，从制度和实践两方面入手，防止恶性竞争，积极引导员工参与到有益的良性竞争中来。让大家心往一处想，劲儿往一处使，公司的工作才能越做越好。

竞争中任何一点不公正都会使竞争的光环消失，如竞选某一职位，员工知道领导早已内定，还会对竞选感兴趣吗？如进行销售比赛，对完不成任务的员工也给奖，能不挫伤先进员工的积极性吗？失去了公正，竞争就失去了意义，只有公正才能达到竞争的目的。

具体来说，防止恶性竞争、引导良性竞争需要注意以下 8 个方面：

第一，要有一套正确的业绩评估机制。要多从实际业绩着眼评价员工的能力，而不能根据其他员工的意见或者是管理者自己的好恶来评价员工的业绩。总之，评判的标准要尽量客观。

第二，进行团队精神塑造，让大家明白竞争的目标是团队的发展，而不是"内耗"。

第三，创造一个附有奖励的共同目标，只有团结合作才能达到。

第四，对竞争的内容、形式进行改革，剔除能产生彼此对抗、直接影响对方利益的竞争项目。

第五，在组织内部创建一套公开的沟通体系。要让大家多接触、多交流，有话摆在明处讲、有意见当面提。

第六，找出一个共同的威胁或"敌人"，如同行业的另一家公司，以此淡化、转移员工间的对抗情绪。

第七，不能鼓励员工搞告密、揭发等小动作。不能让员工之间进行相互监督，不能听信个别人的一面之词。

第八，处罚彼此暗算、不合作的行为，指出从现在开始，只有合作才能受到奖励；批评不正当竞争者，表扬正当竞争者；坚决惩罚那些为谋私利而不惜攻击同事、破坏组织正常工作的员工。

总之，企业要为员工创造良性的竞争环境，让每个人都有正确的竞争意念并投入到竞争之中，组织的活力才永远不会衰竭。

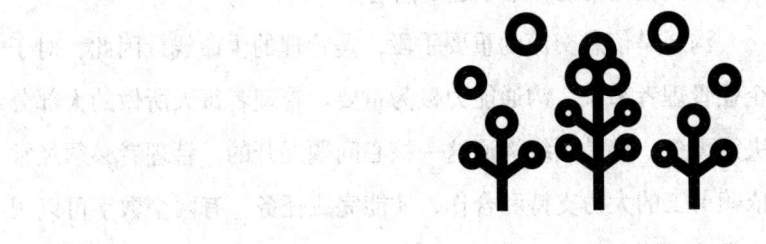

第七章
完善沟通渠道，员工的执行力是『谈』出来的

沟通可以解决一切问题

　　管理者在工作中，时常会听到员工这样或那样的抱怨：认为个人的工作成绩没有得到应有的承认和肯定；其合理化建议没有得到应有的重视和采纳；工作环境压抑、人际关系紧张，甚至一个办公室内彼此间不相往来……其实，这些抱怨都会严重影响员工的工作积极性和工作热情，从而影响到企业的效率和效益。这些抱怨究其根源均在于沟通不够、沟通无效或沟通存在障碍。

　　诺基亚公司董事长兼首席执行官沙玛·奥里拉在自己的管理箴言中这样写道："我觉得有两个技能很重要。第一是沟通能力，第二是人才管理能力。但没有好的沟通能力，一切都无从谈起。"日本松下电器公司创始人松下幸之助也认为："企业管理过去是沟通，现在是沟通，未来还是沟通。"

　　沟通是信息交流的重要手段，是管理的生命线，因此，对于企业管理者来说，沟通能力极为重要。管理者每天所做的大部分决策事务，都是围绕沟通这一核心问题展开的。管理者必须经常依赖员工的大力支持和合作，才能完成任务。有两个数字可以很直观地反映沟通在企业管理中的重要性，就是两个70%。

　　第一个70%是指企业的管理者有70%的时间用在沟通上。

开会、谈判、谈话、做报告是最常见的沟通形式，撰写报告实际上是一种书面沟通的方式，对外各种拜访、约见也都是沟通的表现形式，管理者大约有 70% 的时间花在此类沟通上。

第二个 70% 是指企业中 70% 的问题是由于沟通障碍引起的。比如，企业常见的效率低下的问题，往往是有了问题后，大家没有沟通或不懂得沟通引起的。另外，企业里执行力差，领导力不强的问题，归根到底，都与沟通能力的欠缺有关。比如说管理者在绩效管理的问题上，经常对下属恨铁不成钢，年初设立的目标没有达到，工作过程中的一些期望也没有达到等。为什么下属达不到目标的情况会经常出现？在很多调研中都发现，下属对管理者的目的或者期望事先并不清楚，当然无法使其满意，也导致对年度的绩效评估不能接受。这不管是管理者表达的问题，还是下属倾听领会的问题，都是沟通造成的问题。

因此，卓越的沟通能力是管理者必备的素质之一。但是，现实中却有很多企业管理者不重视沟通管理，他们认为，管理者与被管理者之间不能有太多的平等，没有必要告知被管理者做事的理由。"民可使由之，不可使知之。"他们片面强调被管理者应无条件地服从，"理解的执行，不理解的也必须执行"，从而认为除了告知对方做什么、做到什么程度之外，再告知其他相关信息都是多余的，更不用说就对方的态度、情感，通过沟通达成理解和认同。

没有充分有效的沟通，员工不知道做事的意义，也不明白做事的价值，因而做事的积极性也就不可能高，创造性也就无法发挥出来。不知道为什么要做这个事，所以他也就不敢在做事的方式上进行创新，做事墨守成规，按习惯行事，必然效率低下。

一个希望有所作为的管理者，绝不会轻视管理沟通的工作。

总结起来，沟通在管理中的作用主要有以下三点：

一、良好的沟通是保证员工做好工作的前提。只有通过沟通让员工明白了他的工作目标要求、所要承担的责任、完成工作后的个人利益之后，才能使他确知做什么、做到什么程度，自己选择什么态度去做。

二、良好的沟通是激发员工工作热情和积极性的一个重要方式。管理者与员工经常就其所承担的工作，以及他的工作与整个企业发展的联系进行沟通，员工就会受到鼓舞，就会使他感觉到自己受到的尊重和他工作本身的价值。这也就直接给员工带来了自我价值的满足，他们的工作热情和积极性就会自然而然地得到提升。

三、良好的沟通是员工做好工作的一个保障。只有通过沟通，管理者才能准确、及时地把握员工的工作进展、工作难题，并及时为员工工作中的难题的解决提供支持和帮助。这有助于他的工作按照要求及时、高质量地完成，进而保证整个单位、部门，乃至整个企业的工作协调进行。

良好的沟通能让人与人之间的了解变得畅通无阻，聪明的管理者会巧妙地利用沟通来增进对员工的了解。

走动式管理：创造沟通机会和平台

麦当劳快餐店创始人雷·克洛克不喜欢整天坐在办公室里，而是把大部分工作时间都花在到所有分公司和各部门走一走、看一看、听一听、问一问上。

麦当劳公司曾有一段时间面临严重亏损的危机，雷·克洛克发现其中一个重要原因是公司各职能部门的经理有严重的官僚主义，习惯躺在舒适的椅背上指手画脚，把许多宝贵时间耗费在抽烟和闲聊上。于是一个大胆的想法在他的脑海中形成了，那就是：将所有经理的椅子靠背锯掉，并立即实施。

开始很多人骂雷·克洛克是个疯子，但后来不久，大家就体会到了他的一番"苦心"。经理们纷纷走出办公室，深入基层，及时了解情况，现场解决问题，终于使公司扭亏为盈。

这种管理模式就是走动式管理。该管理理念最早是由彼得斯提出的，它的核心是管理者要融入员工之中，而不是在员工面前摆谱。走动式管理不是待在办公室里翻阅各种数据和报告，而是走到员工中间、客户中间以及供应商中间去，和他们面对面地进行交流沟通。在走动过程中，管理者的主要角色是倾听者。通过倾听，管理者可以从员工、客户和供应商那里得到准确的第一手信息。在面对面的交流中，管理者可以用现场解答和阐述的方式，把公司的价值观念传递给员工、客户和供应商，促使他们认同和接受公司的价值理念。

走动式管理不是视察活动。它的目的是要了解员工的工作进展以及他们在工作中都遇到了什么样的麻烦，通过询问来指导员工做一些重要的事情。可见，走动式管理的前提假设是预想到员工在工作中可能会有一些东西妨碍他们完成任务，因而需要管理者通过走动去了解、帮助员工解决困难，指引员工而不是命令、干涉、剥夺员工的自主权来解决问题。

走动式管理不是管理者越俎代庖，剥夺员工的权利，而是提供一些有助于扩大员工自主空间的建议。它也不是命令员工应该干什么，应该采取什么样的具体措施，而是提高员工的自信心和自制力。在走动式管理中，管理者不是担任指挥者的角色，而是参谋的角色。总之，优秀的走访者会在公司愿景下扩大员工的自主权，而不是使之缩小。

在企业中，应把走动式管理作为一种经常性的管理活动，而非"国事访问"。它不需要提前通知被走访者，不需要做准备，因为它就是针对那些有意无意隐蔽起来的真实情况而来的。要使走动式管理听到组织的真实声音，最好的办法就是管理者经常性走动。这样做可以有效地消除"礼节性拜访"或者"恩赐式关怀"的缺陷，达到与员工面对面交流的目的，也是获得真实信息、强化公司共同愿景的良药。要扩大走动式管理的效力，不在于宣传，而在于管理者身体力行。只有管理者养成走动的习惯，让员工了解管理者会随时到自己身边来，员工才能感觉到管理者一直与自己同在，也才能让员工对管理者产生信赖，进而愿意与之沟通。

多一些鼓励，少一些批评

无论年龄长幼，贫富贵贱，爱听鼓励的话是人的天性。然而在企业中，当员工工作执行不到位、消极怠工或者犯错误时，不少管理者都喜欢通过批评员工来树权威、耍威风，更有甚者，还喜欢在员工犯错误时发脾气，殊不知这样会弊远大于利。一味用批评和尖锐的意见面对员工，很多时候会扼杀员工的创新性，使员工产生挫折感。批评往往会使自己情绪恶化，员工会因此而产生逆反心理，会消极怠工，更会破坏工作场所的氛围。而且对于管理者而言，他们也会被认为是不合群、人际关系有问题。批评只是管理的手段而不是目的，光靠批评不仅无助于问题的解决，还会使问题恶化，员工在接受批评后会产生紧张感、挫折感，而这些负面情绪都不利于问题的最终解决。

一天，公司赵总突然接到刚工作不久的员工妮妮的电话："我买了机票，我要去旅行，现在想向你辞职。"赵总接到这样的电话不免感到惊讶，但他还是尽量平和地说："我给你两周的时间，旅行完之后再回来上班。"妮妮说："不用了，即使回来，我也不想回到这里上班。"

赵总听到这样的回答感到很气愤，但他依然没有忘记反思问题出现的原因。他终于想起，前几天妮妮曾经交给他一份企划案，当时他看了十分不满意，还训斥她："你怎么可以做出这样的东西，竟然还好意思交给我，你是大学毕业生吗？"

妮妮因为赵总的一句严厉的批评而辞职了。妮妮工作时间不长，很明显，妮妮抗挫折的能力比较差，赵总在跟她打交道时，有必要使用一定的技巧。员工犯错后，管理者应该做的是向员工提出解决问题的建议，避免他们以后再犯。很多时候，新进员工犯错误都是由于管理者没有给他们正确的建议。

例如，某员工说："我不想做了，实在是没有什么前途。"这说明他正处于情绪不稳定的状态，此时管理者最好的做法是采用迂回的策略，先让他的情绪稳定。管理者可以先把员工的话润色加以重复："你的意思是，你觉得在这里的表现或者发展不是很满意，是吗？"然后稍等片刻，暗示对方你已经明白了他的意思。如果，员工的情绪依然低落，对你说："是呀，我觉得这里很糟糕。"那么这时候管理者可以继续跟他聊，直到他平静下来。最后，员工可能会询问你该怎么办。这时管理者就掌握了谈话的主动权，可以询问员工的想法，如果通过沟通发现他之所以会如此沮丧是因为对自己太过悲观的缘故，那么管理者有必要举例让他知道其实他已经做得非常好。

当然，这里说管理者应多些鼓励和建议，并不意味着对员工的错误视而不见。有时候，批评也是必需的，只是批评也要有艺术。

比如，如果一个员工之前的工作表现都很好，但是后来却怎么都没有办法达到管理者的要求。这时候批评就有必要了，但是作为一名管理者，如何批评才不会起反作用呢？

作为管理者，如果对员工提出质疑说："你是怎么搞的，为什么没有把事情做好？"那在员工看来，就很可能会认为管理者讨厌自己，而不能就事论事。所以，一名优秀的管理者，在批评时一定要注意以下四点：

1. 要跟员工讲清楚事实，比如："你这份企划书，为什么没有按时交给我？"

2. 要明确告诉员工你自己的感觉，比如告诉员工："我对你现在的表现很失望。"

3. 管理者要明确自己的管理目标，让员工接收到肯定的词汇，而不是否定的词汇，比如：不要说"你以后交企划不要迟到"，而是说"我希望你以后能按时交企划"。

4. 要运用"说服的艺术"，也就是用建议的方法而不是用意见。要说服员工做事，要让员工有自己判断的机会，所谓"晓之以理，动之以情"就是这个道理，要让员工知道你的建议是正确的。你不是在对员工的行为挑刺，指出他的错误，要用"诱之以利"的方式让员工认识到自己的问题，并选择正确的方式解决问题。

在企业管理中，管理者要做的是多些鼓励与建议，少些批评与意见。如果管理者能用真诚的鼓励和正确的建议对待员工，特别是一些有知识、有文化、有思想的员工，那么企业的管理水平肯定会有一个质的飞跃，员工在这种激励下能增强工作的信心，就可以在保证质量的情况下超额完成任务。一个聪明的管理者会从员工的立场出发，采用最恰当的方式，让员工接受并乐于服从自己的建议。

广开言路，听取反对呼声

"智者千虑，必有一失；愚者千虑，必有一得。"再精明强干的管理者，也难免有失误的时候。因此，作为一个管理者，统率一个集体，管理一群人时，不能独断专行，大家的事要发动大家想办法，大家来做。这样，管理者不能总是听"好话"，更多的时候要听听周围人的反对呼声。反对的话虽然刺耳，但其中往往蕴涵着真理，蕴涵着合理化的建议，于人生有补，于事业有益，一如带刺的仙人掌，摸之刺手，用之却有巨大的药效。所以，对于管理者来说，正面意见要听，反面意见也要听。

脚踏实地的管理者应不为"好话"所陶醉，"好话"虽然好听，但听过之后便于事无补了；至于"恶言"中的那些反调，听起来虽然不太顺耳，但极有益处，亦如良药，虽然苦口却能治病。一个组织在不断前进的道路上，往往有绊脚石和荆棘，只有与集体休戚与共的人，才会思索如何回避这前进路上的障碍，他们的反对呼声，更多时候是出于对管理者的爱戴、对集体的赤诚与关心。明白了这点，管理者就应给唱反调的人予以保护，而不应当厌弃。

然而，现实工作中有些管理者，却对那些反对呼声不屑一顾，甚至还没听完就火冒三丈。这种现象不仅反映了一个管理者的素质和作风，而且对做出管理决策极其不利。他们容易被表面现象所迷惑，不容易发现工作中存在的问题，长期下去，势必会助长下属们报喜不报忧的不良风气，影响整个工作。其实，"兼听则明，偏听则暗",支持和反对意见总是决策的左膀右臂,听听不同的意见,从反面思考一下,把问题考虑得更周全一些有什么不好呢?

常言道:"忠言逆耳,良药苦口。"反对呼声尽管听起来不顺耳,但只要仔细分析一下,就会发现有的确实反映了工作中存在的某些问题,有的可能是一种偏见,但无论怎样,只要以有则改之、无则加勉和宽容、大度的态度认真对待,对工作是有益无害的。因此,作为管理者,正确、明智的做法是不能总听好话,要善于听取反对呼声,全面地看问题。

广开言路,听取反对呼声,是防止片面性的一个重要方法,也是做出正确决策的必要之途。众所周知,人们对于真理的认识总是受多种条件的制约,很难在短时间内穷其究竟。听取反面意见能增加考虑问题的角度和参照系数,也就更接近真理。

柳宗元在《敌戒》中讲了这样一件事:鲁国的大夫孟孙平时很憎恶同为大夫的臧孙,后来孟孙死了,照常理臧孙是颇可庆贺一下的,从此自己少了一位提反面意见的人,可是臧孙却很悲痛地说:"孟孙死后,我如同丧失了治病的药,活着的日子也不会长了。"

一个组织的建设也是如此,管理者只有重视身边提反对意见的人,营造出"不唯上、不唯书、只唯实"的良好氛围,才能有畅所欲言的民主气氛,从而保证决策的科学性。

反对意见无非有三种情况:一种是正确的反对意见,这就要用虚心和求实的态度去加以接受;再一种是错误的反对意见,这种意见听听也是有好处的;更多的情况是,反对呼声中包含了多少不等的正确的和错误的成分。真理和错误往往并不是截然分开的。关键是决策过程中如何吸收反对意见中的合理成分,最终让反对者转变看法,在化弊为利上达成共识。正如文学大师泰戈尔所说:"如果把所有的错误都关在门外,真理也要被关在外面了。"高明的领导者对待反面意见,总是采取冷静的、客观的、虚心的态度。

《史记·商君列传》中说:"千人之诺诺,不如一士之谔谔。"敢于提反对意见的人,往往善于思考,敢于挑错,不能一概认为是"对着干"和"拆台"。春秋时期的齐景公宠幸梁丘据,并称:"唯有梁丘据与我和好。"国相晏婴则说:"你与梁丘据只不过'同'而已,哪能称得上'和'。"晏婴认为,"同"就像做菜调羹那样有水有油、有酒有酱、有盐有醋,用以烹鱼烧肉,增加了美味;而"和"却像演奏音乐那样,相互协调,达到和谐。君说"可",梁丘据也跟着说"可",反之亦然,则不"和"。如果做菜调羹只是菜里加水,谁愿意吃呢?如果弹琴奏乐只是发出一个声音,谁愿意听呢?晏婴用做菜调羹和演奏音乐的比喻来说明"同"与"和"的区别,给人以启迪。

一个单位或一个组织,尤其对管理者而言,若是没有反对呼声,表面上看起来"团结",实则"同"而已,很难达到"和"的境界。所以说,反对呼声虽不总是正确的,但乐于听取反对呼声却总是正确的。任何一个决策的诞生,在其出台之前,当其酝酿之时，反对呼声都是难能可贵的。既然有反对呼声，就必然有其反对的理由和根据。这些反对呼声不论最终是否被采纳，都像一面镜子，映照出决策是否有瑕疵，是否符合客观实际，是否具有科学性和生命力。如果某个决策提出后，没有任何不同意见，这本身就不正常，它预示着决策中潜藏着一种隐性危机。

下属之所以会对管理者寄予希望，不只是对个人生活的关心，还希望管理者能广开言路，倾听和接纳自己的意见与建议。

如果一个企业员工反映，"领导从不让我们讲话""我们只有干活的义务，没有说话的权利"，那意味着问题就很严重了。所以管理者应当注意，在制订计划、布置工作时，不要只是自己单方面发号施令，而应当让大家充分讨论，发表意见。在平时，要创造一些条件，开辟一些渠道，让大家把要说的话说出来。如果不给员工发表意见的机会，久而久之，他们就会感到不被重视，郁郁寡欢，工作也感到索然无味，丧失主观能动性。

有些人把企业内部的和睦定义为不吵不闹，没有反对意见，开会一致通过等表面现象。他们一般不愿看到下属员工之间发生任何争端，同样，这种管理者也不喜欢下属反对他的意见。如果一次出现多种不同的意见，他们就会感到不知所措，解决的办法也不过是说："今天有很多很好的意见被提出来了，因为时间关系，会议到此结束，以后有机会再慢慢讨论。"想尽办法去追求表面的和睦，这里的管理者恰恰忘了很重要的一件事：一致通过的意见不见得是最好的。

假如下属对方案没有异议,并不等于此项方案就是完美无缺的,很有可能是下属碍于情面,不好意思当面指出。因此,这时管理者切不可沾沾自喜,应该尽量鼓励下属发表不同的意见。

对于下属的反对意见,最重要的是倾听,并尝试猜测他接下来要说什么。管理者有必要让自己潜意识的情感指出大脑漏掉了哪些信息。如果下属说的某些东西让自己强烈地感到"错了""非常正确"或其他感受,而没有留意他究竟说了些什么,那么请仔细回忆一下一两分钟前发生了什么,很可能大脑并没有注意到。下属提出反对意见,管理者不妨这样应对:

一、当对方提出反对意见时,首先应辨清它属于哪一种形式

区别对方反对意见最简单的办法是提问。如"你这样讲的根据是什么呢?"对方提出的反对意见理由越不充足,就越会觉得你的问题难以回答。你从他的回答里了解的情况越多,就越可能发现他提出反对意见的真正目的,并及时对症下药,予以消除。

如果下属的反对意见是从偏见或成见出发,那你就不必急于反驳,尽量寻找形成其偏见的根源。然后,以此为突破口,证明他的见解不符合客观实际。如果他只是一般性地反对你的提议或者找借口,你也不要过于认真,只要恰如其分地解释就可以了。

二、把握好回答反对意见的最佳时机

在应对下属的反对意见时,时机是一个非常重要的因素。这

不仅有利于避免矛盾冲突，还会增加说服效果。当对方在仔细审议某项条款，可能提出某种意见时，你可以早一步把问题指出来。这样，就可以避免在纠正对方看法时可能发生争论，并引导对方按你的想法、思路去理解问题。如果对方提出的问题有一定难度，或是不适合立即回答，那么你也可以把问题岔开，待你准备好了或感到时机成熟时，再给予回答。否则，匆忙反驳对方的意见，会使对方再提出其他意见。当然，也会有一些意见，会随着业务的进展逐渐消失，这时，你可以不必回答。

三、冷静、谨慎、平和地回答下属的反对意见

如果你带着愤懑的口吻回答下属的问题，那么下属就会认为你讨厌他的意见，对他有不好的看法。这样，你要想说服他就更困难了。所以，回答下属时，平和、友好、措辞得当是十分必要的。

四、回答问题时要简明扼要，不要离题太远

如果你回答得啰唆烦琐，就很可能会引起对方的反感。一般情况，你回答了下属提出疑问的疑点就行了，必要时，再加适当的解释和说明。

五、间接反驳下属的意见

有时直截了当地驳斥下属容易伤害到他，使他丢面子，所以间接反驳、提示、暗示都比较好。在任何情况下，避免正面冲突，采取迂回前进的办法都是可取的。

何时需要说服，何时需要命令

管理者在工作交流过程中对下属用得最多的方式，一是说服，二是命令。

说服就是恳切地引导对方按自己的意图办事的过程。说服有两种不同的结局：一是"说而服之"，二是"说而不服"。命令则是上级通过直接对下属发出行政指令的方式来完成工作部署和安排，具有强制性，没有商量的余地。

说到"命令"，人们很容易就会想起"军令如山"这句话。管理者下了命令，下属就不得不从。这一方式直截了当，有可能带来高效率。如果管理者认为某一项工作或决策必须得到贯彻执行，没有讨论的余地，则必须直截了当地发出"命令"，要求下属按章执行；其次，如果针对某一事项的讨论陷入僵持，无法达成统一意见时，通过命令的方式来结束讨论或许会是一个合适的选择。

再说说"说服"。生活中，人们看待问题的角度、解决问题的方法不尽相同，管理者要让下属重视自己的建议和忠告，就必须说服他理解和接受自己的观点，这样下属才能全心全意地去完成工作。

其实，"说服"和"命令"反映的是管理者不同的两种管理风格。一般来说，管理者针对下属成熟度的四种情景，即不成熟、初步成熟、比较成熟和成熟分别采用四种不同的管理风格。

1. 不成熟——命令式：这种管理方式的要点是进行详细的指示和管理。告诉下属应该干什么、怎么干以及何时何地去干。

2. 初步成熟——说服式：在传达指示之后进行说服并让下属思索具体方法，但重要部分必须按指令执行。

3. 比较成熟——参与式：和下属交换意见，充分协商，共同决策，推动下属执行。

4. 成熟——授权式：明确表示期望的结果，具体执行方案全部交给下属去办理。

在管理过程中，当下属的成熟水平不断提高时，管理者可以不断减少对下属行为和活动的控制，不断减少干预行为。

从上面的模式中可以大致看出命令与说服的分水岭，但"说服"与"命令"并不是绝对对立的，而是同一过程的两个阶段，一般情况下是先有"说服"后有"命令"，但"沟通"环节不可以省略。要达成这两个过程的统一，寻求一种"中庸之道"，也绝非易事。说服，自然有"服"与"不服"两种结果，在与下属进行"一对一"的沟通时，经常会碰到意见相左的时候，这时候再"命令"下属去执行可能就会适得其反，这样不但不能树立领导"民主、兼听"的形象，反而会在下属心中打上"专横"的烙印，更为严重的是会破坏双方的默契。管理者应有包容和接纳下属不同意见的胸怀。非得这样的话，与其在"说而不服"时发出"命令"，还不如一开始就直接"命令"，毕竟执行命令是下属的天职。

没有哪个管理者不希望高效地实现自己的目标，但是强迫手段带来的只是"被动地服从"而已。被动地服从导致实施决策目标时，带来的结果只能是低效，甚至无效、负效。只有"主动地支持"，才能充分发挥下属的主动性、创造性，获得高效益。

比如著名的"南风法则"，就形象地说明了温和的方式比强力更容易被人接受。温和的态度、友善的方式意味着对下属的尊重，必然会得到相应的回报。在日常工作中，领导应尽量少命令，多商量，尊重下属的人格尊严，使之乐于接受，并积极主动、创造性地完成工作。

有一个秘书曾这样评价自己的领导：他从来不直接以命令的口气来指挥别人。每次，他总是将自己的想法讲给对方听，然后问道："你觉得这样做可以吗？"在口授一封信之后他经常说："你认为这封信如何？"如果他觉得助手起草的文件需要改动时，便会以一种征询、商量的口气说："也许我们把这句话改成这样，会比较好一点。"他总是给别人动手的机会，从不告诉下属具体如何去做事。

可以想象，在这样的管理者身边供职，该会多么的轻松而愉快！常言道："与人说理，须使人心中点头。"心平气和，步步引导，耐心商讨，使别人易于接受。

在领导说服下属的过程当中，有许多值得注意的地方：

一、调节气氛，动之以情

在说服时，要想方设法调节谈话的气氛。和颜悦色地用提问的方式代替命令，并给人以维护自尊和荣誉的机会，气氛就会是友好而和谐的，说服也就容易成功；反之，在说服时不尊重他人，摆出一副盛气凌人的架势，那么说服多半是要失败的。

二、善意威胁，消除防范

很多管理者都知道用威胁的方法可以增强说服力，而且还不时地加以运用。威胁能够增强说服力，但是，在具体运用时要注意态度友善，讲清后果，说明道理，适度威胁，消除防范。

三、投其所好，以心换心

站在下属的立场上分析问题，给他一种为他着想的感觉，这种投其所好的技巧常常具有极强的说服力。要做到这一点，"知己知彼"非常重要，唯先知彼，而后方能从对方立场上考虑问题。

四、寻求一致，以短补长

习惯于顽固拒绝他人说服的人，经常都处于"不"的心理状态之中，对付这种人，要努力寻找与对方一致的地方，先让对方赞同你远离主题的意见，从而使其对你的话感兴趣，而后再想法将意见引入话题，最终达到求得对方同意的目的。

但至今许多领导者仍认为以命令方式去指挥下属办事最快、效率最高，习惯于向下属发出各种各样的命令。人对命令的态度多是反感的，一个经常用命令语气说话的领导容易被大家列入讨厌者的行列。但当确实需要用命令来向下属分配任务时，要注意几个方面：

首先，要注意下达命令的时候寻找最合适的气氛，比较重大严肃的任务要在庄重的场合下提出；

其次，要注意下达命令的合理性，命令表达要清楚、明确；

最后，在给下属下命令的时候要给下属提问的时间，让下属多问几个为什么，让他们对于新的任务有更多的了解，从而有益于任务的完成。

在工作中，让全体成员都围绕共同、明确而清晰的目标而努力是非常重要的。管理者需要有目的地引起组织成员思想的共鸣，比口号更重要的也许是灌输目标的方法和过程，这需要管理者多动脑筋，在实践中不断提高说服和命令的技巧。

第八章

让员工自己奔跑,用激励机制激发执行力

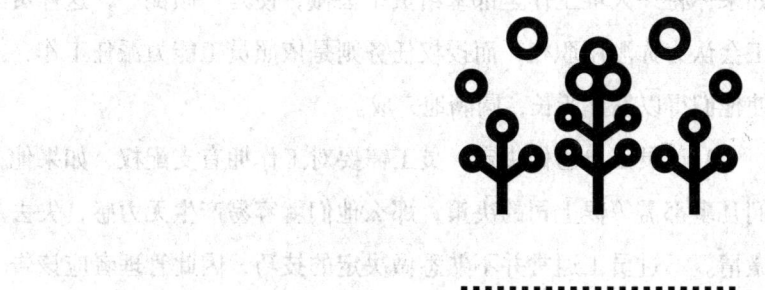

最有效的 13 条激励法则

员工是企业生存与发展的基石,企业要发展,就必须依赖员工的努力。因此,激励员工发挥所长,贡献其心力,是管理者的首要责任。

以下介绍 13 种激励法则,帮助员工建立信任感,激励员工士气,使员工超越巅峰,发挥他们的创造力、热情,全力以赴地工作:

1. 不要用命令的口气。好的管理者很少发号施令,他们都以劝说、奖励等方式让员工了解任务的要求,并去执行,尽量避免直接命令,如"你去做……"等。

2. 授权任务而非"倾倒"工作。"授权"是管理的必要技巧之一。如果你将一大堆工作全部塞给员工去做,便是"倾倒",这样员工会认为你滥用职权;而授权任务则是依照员工能力派任工作,使他们得以发挥所长,圆满地完成。

3. 让员工自己做决定。员工需要对工作拥有支配权,如果他们凡事都需等候上司的决策,那么他们就容易产生无力感,失去激情。不过员工通常并不熟悉做决定的技巧,因此管理者应该告诉员工,不同的做法会有哪些影响,然后从中选择。

4. 为员工设立目标。设立目标比其他管理技能更能有效改善员工的表现，不过这些目标必须十分明确，而且是可以达到的。

5. 给予员工升迁的希望。如果公司缺乏升迁机会，管理者最好尽量改变这种情况，因为人如果有升迁的希望，可激励他努力工作。假如你不希望以升迁机会提高人事成本，起码也要提供一些奖励办法。

6. 倾听员工的意见，让他们感觉受到重视。尽可能每周安排一次与员工聚会，时间不用很长，但是借此机会员工可以表达他们的想法与意见，而管理者则应用心记录谈话内容，以便采取行动。

当然，你未必同意每位员工的要求，但你不妨用心倾听，因为员工会因为你的关心而努力工作，表现更好。

7. 信守诺言。好的管理者永远记得自己的承诺，并会采取适当行动。如果你答应员工去做某些事，却又没有办到，那将损失员工对你的信赖。

因此，你不妨经常携带笔记本，将对方的要求或自己的承诺写下来，如果短期内无法兑现，最好让员工知道，你已着手去做，以及所遇到的困难。

8. 不要朝令夕改。员工工作需要连贯性，他们希望你不要朝令夕改，因此如果政策改变，最好尽快通知，否则员工会觉得无所适从。

9. 及时奖励员工。每当员工圆满完成工作时，立刻予以奖励或赞美，往往比日后的调薪效果好。赞美与惩罚比例，应该是4∶1。

10. 预防胜于治疗，建立监督体系。每天检视公司动态与员工工作进度，以便在出现大问题以前，预先了解错误，防患于未然。

11. 避免轻率地下判断。如果管理者希望员工能依照自己的方法工作，必然会大失所望。因为，每个人处理事情的方式不同，你的方法未必是唯一正确。所以，最好避免轻率地断言员工犯错误，否则会影响对他们的信任感，甚至做出错误的决策。

12. 心平气和地批评。批评也是激励的一种方式，然而批评必须掌握方法，激烈地批评只会让员工感染到你的怒气，并产生反抗情绪，只有心平气和地批评才能让员工了解自己的失误，并感受到你对他的期待，才能对员工产生激励的效果。

13. 激励员工办公室友谊。让员工们在工作中有机会交谈，和谐相处。因为许多人愿意留在一个单位工作，是他们喜欢这个环境与同事。因此，不妨经常办些聚会，增进员工间的感情。员工们在人和的气氛下工作，必然会更有创造力，更有活力。

建立完善有效的激励机制

强化工作动机可以改善工作绩效，诱发出员工的工作热情与努力。这里强调的是管理者所做的一切努力只是一个诱发的过程，能真正激励员工的还是他们自己。

要想冲破员工们内心深处这道反锁的门，你必须要好好地谋划一番，为你的激励建立一个有效的机制。那么，一个有效的激励机制应该具备哪些特征，符合什么样的原则呢？

1. 简明。激励机制的规则必须简明扼要，且容易被解释、理解和把握。

2. 具体。仅仅说"多干点"或者说"别出事故"是根本不够的，员工们需要准确地知道上司到底希望他们做什么。

3. 可以实现。每一个员工都应该有一个合理的机会去赢得某些他们希望得到的东西。

4. 可估量。可估量的目标是制订激励计划的基础，如果具体的成就不能与所花费用联系起来，计划资金就会白白浪费。

一个高效激励机制的建立，企业的管理者需要从企业自身的情况，以及员工的精神需求、物质需求等多方面综合考虑，更新管理观念与思路，制定行之有效的激励措施和激励手段。具体来说，应该做到以下几点：

一、物质激励要和精神激励相结合

管理者在制定激励机制时，不仅要考虑到物质激励，同时也要考虑到精神激励。物质激励是指通过物质刺激的手段来鼓励员工工作。它的主要表现形式有发放工资、奖金、津贴、福利等。精神激励包括口头称赞、书面表扬、荣誉称号、勋章……

在实际工作中，一些管理者认为有钱才会有干劲，有实惠才能有热情，精神激励是水中月、镜中影，好看却不中用。因此，他们从来不重视精神激励。事实上，人类不但有物质上的需要，更有精神方面的需要，如果只给予员工物质激励，往往不能达到预期的效果，甚至还会产生不良影响，美国管理学家皮特就曾指出："重赏会带来副作用，因为高额的奖金会使大家彼此封锁消息，影响工作的正常开展，整个社会的风气就不会正。"因此，管理者必须把物质激励和精神激励结合起来才能真正地调动广大员工的积极性。

二、建立和实施多渠道、多层次的激励机制

激励机制是一个永远开放的系统，要随着时代、环境、市场形式的变化而不断变化。因此，管理者要建立多层次的激励机制。

多层次激励机制的实施是联想公司创造奇迹的一个秘方。联想公司在不同时期有不同的激励机制，对于20世纪80年代的第一代联想人，公司主要注重培养他们的集体主义精神和满足他们的物质需求；而进入90年代以后，新一代的联想人对物质要求更为强烈，并有很强的自我意识，基于这种特点，联想公司制定了新的、合理的、有效的激励方案，那就是多一点空间、多一点办法，制定多种激励方式。例如让有突出业绩的业务人员和销售人员的工资和奖金比他们的上司还高许多，这样就使他们能安心现有的工作。联想集团始终认为只有一条激励跑道一定会拥挤不堪，一定要设置多条跑道，采取灵活多样的激励手段，这样才能最大限度地激发员工的工作激情。

三、充分考虑员工的个体差异，实行差别激励的原则

企业要根据不同的类型和特点制定激励机制，而且在制定激励机制时一定要考虑到个体差异：例如女性员工相对而言对报酬更为看重，而男性员工则更注重提升能力、得到升迁；在年龄方面也有差异，一般20~30岁之间的员工自主意识比较强，对工作条件等各方面要求比较高，而31~45岁之间的员工则因为家庭等原因比较安于现状，相对而言比较稳定；在文化方面，有较高学历的人一般更注重自我价值的实现，他们更看重的是精神方面的满足，例如工作环境、工作兴趣、工作条件等。而学历相对较低的人则首先注重的是基本需求的满足；在职务方面，管理人员和一般员工之间的需求也有不同。因此，企业在制定激励机制时一定要考虑到企业的特点和员工的个体差异，这样才能收到最大的激励效力。

四、管理者的行为是影响激励机制成败的一个重要因素

管理者的行为对激励机制的成败至关重要。首先，管理者要做到自身廉洁，不要因为自己多拿多占而对员工产生负面影响；其次，要做到公正不偏，不任人唯亲；再次，管理者要经常与员工进行沟通，尊重支持员工，对员工所做出的成绩要尽量表扬，在企业中建立以人为本的管理思想，为员工创造良好的工作环境。此外，管理者要为员工做出榜样，通过展示自己的工作技术、管

理艺术、办事能力和良好的职业意识，培养下属对自己的尊敬，从而增加企业的凝聚力。

建立有效的、完善的激励机制，除了做到以上几点之外，还要注意两方面的问题：

一、要认真贯彻实施，避免激励机制流于书面

很多管理者没有真正认识到激励机制是其发展必不可少的动力源，他们往往把激励机制的建立"写在纸上，挂在墙上，说在嘴上"，实施起来多以"研究，研究，再研究"将之浮在空中，最终让激励机制成为一纸空文，没有发挥任何效果。管理者一定要避免这种情况的发生，将激励机制认真贯彻实施。

二、要抛弃一劳永逸的心态

企业的激励机制一旦建立，且在初期运行良好，管理者就可能固化这种机制，而不考虑周围环境的变化和企业的变化，这往往会导致机制落后，而难以产生功效。管理者应该根据时代的发展、环境的变化不断改革创新激励机制。

人才是企业生存与发展的关键，如何在企业有限的人力资本中调动他们的积极性、主动性和创造性，有效的激励机制是必不可少的。因此，管理者一定要重视对员工的激励，根据实际情况，综合运用多种方式，把激励的手段和目的结合起来，改变思维模式，真正建立起适应企业特色、时代特点和员工需求的有效的激励机制，使企业在激烈的市场竞争中立于不败之地。

靠"竞赛机制"说话

在管理员工时,适当运用"竞赛机制",可以调动员工的积极性。毕竟每个人都希望自己的价值能得到大家的肯定,而竞赛这种机制给员工提供了一个可靠的平台,在这个平台上,任何一个员工,只要他有能力,都可以得到相应的奖励,同时大家的尊重和敬佩还会强化其工作成就感。竞赛透明度越高,员工的公平公正感就越强,所受到的激励也就越强。

对于管理者来说,使用竞赛这种机制,不但可以调动员工的情绪,还可以解决一些平时想解决的发展"瓶颈"问题。

2008年底,深圳某公司受金融危机影响,在9~12月生产任务不足,工人们若不减员就得减薪。公司董事长一筹莫展,裁员和减薪都是他不愿意走的路,怎么办呢?最后,他决定开办一场节能降耗的劳动竞赛。竞赛举办期间,生产成本骤降。董事长又决定改革劳动竞赛的形式和竞赛奖金发放办法,将劳动竞赛纳入行政管理中,竞赛奖金半个月一发放。这一劳动竞赛机制不仅解决了企业面临的问题,推动了企业发展,也为一线职工增加了收入,可谓一举多得。

竞赛机制的作用由此可见一斑。但并不是所有的竞赛都能起到激励作用,这就要看管理者制定的竞赛条件如何。那么,作为一名管理者,应该如何制定一种合理的竞赛规则呢?

一、竞赛要得到大多数下属的认同

竞赛要能体现组织目标与个人目标的统一，使下属真正从思想上接受，从而激励他们为达到目标的要求而努力奋斗。因此，竞赛条件要交给下属去讨论，使之得到大多数人的认同。

二、竞赛条件要具有可比性，参与竞赛的人的条件应大致相同，这样才能反映出各自的努力程度，才能起到激励作用

在体育竞赛里，举重比赛按参赛运动员的体重不同来分级，女子为7个级别：48公斤级、53公斤级、58公斤级、63公斤级、69公斤级、75公斤级、75公斤以上级等几个级别。同样，组织里的竞赛机制也需要在一定的级别内进行比较，以免让下属觉得不公平而不愿意参加。比如，没有任何经验的新员工如果被安排与经验丰富的老员工一起竞赛，那么就有失公平。

三、竞赛条件要定得适当合理，使人们通过一定的努力就可以达到

竞赛要符合以下条件：每一位有能力的人都可以奖励，即使暂时没有能力的人，只要通过努力同样可以得到相应的奖励。这样，所有的人都会信任这样的竞争，而不会心里有不平衡的感觉，不会抱怨"不给我机会，却怪我没有本事"。

为了满足这个条件，管理者可以适当多开展一些竞赛活动，因为每个能够进入组织的人肯定都有自己的一技之长，如果每个人在经过努力之后都能得到奖励，那么这种激励就会大受欢迎，而且同时会促进下属的工作积极性。管理者还可以拉长某项竞赛活动的时间，比如，前面说的节约成本竞赛，可以作为一个长期

的项目，每个月按照相应的标准进行考核，按奖金方式进行发送，这会在下属中间形成一种节约成本的风气。

四、根据形势的变化随时改变竞赛的条件，要能随着社会的进步而提高，从而使其能持续地发挥激励作用

总之，竞赛机制是管理者调动下属工作积极性的一种有效手段，只是要想让其有效地发挥激励作用，提高整个团队的工作效率，管理者还需要不断地研究改革举办竞赛所需要满足的条件，以便把所有的下属都团结在自己的工作观念里。

"竞赛机制"是目标激励的一种具体形式。竞赛在任何一个组织内部或组织之间都是客观存在的，它所包含的利益驱动可以极大地调动下属的工作积极性。当然，这种利益驱动必须要建立在下属的劳动智慧和热情之上，而不是下属无法达到的其他的条件之上，否则，竞赛机制就会失去其特性。

与员工共享成果

人人都有名利心，这是无可否认的事实，管理者也是凡人，也会向往名利，这也无可厚非。关键是在追求名利的过程中不要超过"度"，不要把员工的功劳据为己有。

管理者向上请功时，正确的做法是与员工分享功劳，分享成功的幸福和喜悦，而不应该独占功劳。假如管理者是个喜欢独占功劳的人，相信他的员工也不会为他卖力。因为喜欢独占功劳的人，往往会忽视员工的利益，让他的员工一无所获。这样的管理者，其行为可能会激起民愤。

有人常在私下里会说管理者："功劳是他的，荣誉是他的，好房由他住着，而我们什么也没有得到。"

这种情况很普遍，现代企业中一些管理者把员工的工作成果占为己有，又不能适当奖励他们，让员工觉得管理者偷取了他们的工作成绩。其实人人做事都希望被人肯定，即使工作未必成功，但终究是卖了力，都不希望被人忽视，不希望自己的果实被别人占取。

一个人的工作得不到肯定，是在打击他的自信心，所以作为管理者，切勿忽视员工参与的价值。

例如：在某大公司的年终晚会中，经理刻意表扬了两组营业成绩较佳的团队，并邀请他们的主管上台。第一位主管，好像早有准备似的，一上台便滔滔不绝地畅谈他的经营方法和管理哲学，不断向台下展示自己在年内为公司所做出的贡献，令台下的经理及他手下的员工，听了非常不满。

而第二位主管，一上台便感谢自己的员工，并庆幸自己有一班如此拼搏的员工，最后还邀请他们上台接受大家的掌声。当时台上、台下的反应如何不言而喻。

同样的管理，不同管理者的表现却有如此大的差别，像第一位那种独占功劳的主管，不但员工对其不满，经理也不会喜欢这种人。而第二位主管能与员工分享成果，令员工感到受尊重，日后有机会自会拼搏。而经理也会尊敬、敬重这种人。其实功劳归谁老板最清楚,不是你喜不喜欢与他人分享的问题。

因此,管理者应该经常轻松地提供令员工满意的回馈,如一句简短的鼓励或一句赞美的话。然而在许多例子中,有些领导者根本不愿意提供给员工任何工作表现良好的回报。当管理者不能给予员工适当的回馈时,员工便无从设计未来,他们会问自己的贡献受到肯定了吗?他们应该继续为这位领导者贡献心力吗?他们是否需要改善工作态度或能力,怎样才能有所改善等。

正如某公司的员工所说:"我不觉得受到了重视。我的领导从不会对我斥责,也不批评,即使在工作中做出了很大的贡献,他也从来不会赞美,只把功劳占为己有。有时我怀疑他是否在乎我的感觉。我不能确定工作做得好坏有何影响,只能混天度日,拿死工资,这严重影响了我的工作情绪。"

可见,让员工分享企业的成功,把他们的利益与组织的成败直接联系起来,让他们对组织产生一种归属感,这是领导员工的高境界,也应该是每个管理者都遵循的原则。

巧用激将法点燃员工的好胜心

很多时候,管理者都有这样的体会,那就是请将不如激将,也因此中国古来就有"激将法",而且屡试不爽。《三国演义》

中有这样一个例子：

马超率兵攻打葭萌关的时候，诸葛亮对刘备说："只有张飞、赵云二位将军，才能战胜马超。"

这时，张飞听说马超前来攻关，主动请求出战。

诸葛亮佯装没有听见，对刘备说："马超智勇双全，无人可敌，除非去荆州把云长找来，才能退敌。"

张飞说："军师为什么小瞧我？我曾单独抗拒曹操百万大军，难道还怕马超这个匹夫？"

诸葛亮说："你在当阳拒水桥，是因为曹操不知道虚实，如果知道虚实，你又怎么能安然无事呢？马超英勇无比，天下的人都知道，他渭桥六战，把曹操杀得割须弃袍，差一点丧命，绝非等闲之辈，就是云长来也未必战胜他。"

张飞说："我今天就去，如战胜不了马超，甘受军令！"

诸葛亮看"激将法"起了作用，便顺水推舟地说："既然你肯立军令状，就让你做先锋！"

在《三国演义》中，诸葛亮常常针对张飞脾气暴躁的性格采用"激将法"来说服他。每当遇到重要战事，先说他难当此任，或说怕他贪杯，酒后误事，激他立下军令状，增强他的责任感和紧迫感，激发他的斗志和勇气，扫除他轻敌的思想。

自古以来，人就有好面子、怕丢面子的特点，也正因此，激将法才在某些人身上屡试屡验。员工本来觉得一件事很难办，但是只要你拿话一激，稍稍碰一碰他的面子，他的自尊心就会使他一跃而起去争面子。所以，作为一名管理者，一定要善用激将法，这样不仅能使你的员工圆满完成任务，有时还会发掘出员工身上原来未曾显现的才能。

运用激将法也要巧妙，用嘲讽、污蔑、轻浮的语言激将，是愚蠢的办法。一个优秀的管理者所用的激将法是聪明的激将法，可以运用以下几种手段：

一、巧妙的激将法

管理者在运用激将法时要看对象，年轻人的弱点是好胜，"激"就是选在这一点上，你越说他害怕，他就越勇敢。老年人的弱点是自尊心强，此点一"激"就灵，你越说他不中用，他越不服老，越逞强。所以当别人指责他放弃责任、隐退不出，嘲笑他不负责任、胆怯后退时，他身上的能量就很难被激发出来了。

二、煽情激将法

煽情激将法需要用具体的有感染力的描述，用富有煽动性的语言激起人们心中的激情、热情。所用的可以是严酷的现实，也可以是轻松的远景，不拘一格。

三、对比激将法

对比激将法是要借用与优秀员工对比的反差来激发人的自尊心、好胜心、进取心。

用对比法激人，选择对比的对象很重要。一般来说，最好选择被激对象所比较熟悉的人，过去情况与他差不多，各方面条件与其差不多的人。而且对比的反差越大，激将的效果就越好。

四、身先士卒激将法

一个企业的管理者发现必须加班才能按时完成任务，而组长对加班一事颇有微词。于是他换下组长，亲自督战。从此之后，碰到加班的时候，这位组长再也没有任何抱怨。

战场上主帅是不宜亲自出战的，而主帅出战则意味着部将无能或失职，这个行动本身就是一种"激将法"。

激将法有高下之分，管理者掌握好其分寸、尺度，灵活发挥，机智应用，可以在需要员工拿出他们最大的力量拼死效力时，派上绝妙的用场。

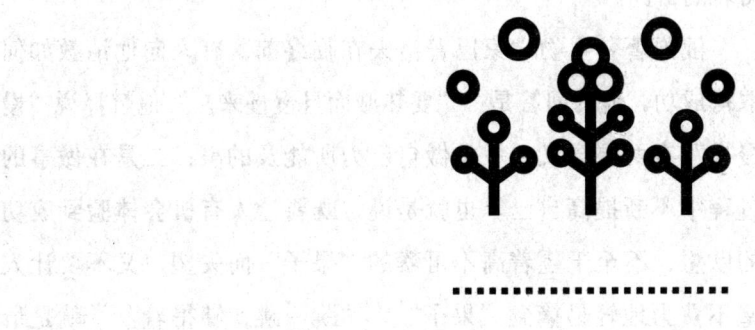

第九章 以考核制度为准绳,用业绩促进执行提升

业绩目标：让员工跳一跳，够得着

大多数人可能都有过打篮球的经历，也都知道与踢足球相比，进一个球要容易很多。这其实与篮球架的高度有关。如果把篮球架做两层楼那样高，进球就不那么容易了。反过来，如果篮球架只有一个普通人那么高，进球倒是容易了，但还有人愿意去玩吗？正是因为篮球架有一个跳一跳就够得着的高度，才使得篮球成为一个世界性的体育项目。它告诉我们，一个"跳一跳，够得着"的目标最有吸引力，对于这样的目标，人们才会以高度的热情去追求。因此，要想调动一个人的积极性，就应该设置一个"跳一跳，够得着"的目标。在企业管理中，领导者要想提高企业绩效，就要好好地利用这些特点和优势，为员工制定一个跳一跳就能够得着的目标。

俄国著名生物学家巴普洛夫在临终前，有人向他请教如何取得成功，他的回答是："要热诚而且慢慢来。"他解释说"慢慢来"有两层含义：一是做自己力所能及的事；二是在做事的过程中不断提高自己。也就是说，既要让人有机会体验到成功的欣慰，不至于望着高不可攀的"果子"而失望，又不要让人毫不费力地轻易摘到"果子"。"跳一跳，够得着"，就是最好的目标。

有这样一个故事:

在很久很久以前,有一位导师带着一群人去远方寻找珍宝。由于路途艰险,他们晓行夜宿,十分辛苦。当走到半途时,大家累得发慌,便七嘴八舌地议论开了,纷纷打起了退堂鼓。导师见众人这样,便暗施法术,在险道上幻化出一座城市,说:"大家看,前面是一座大城!过城不远,就是宝藏所在地啦。"众人看到眼前果然有座大城,便又重新鼓起劲头,振奋精神,继续前行。就这样,在导师的苦心诱导下,众人终于历尽千辛万苦,找到了珍宝,满载而归。

作为一名管理者,我们也要学会"化城"的艺术,不断地给员工"化"出一个个看得见而且跳一跳就够得着的目标,引导集体不断前进。

某县一个再生资源公司的经理,在刚上任时,接手的是一个乱摊子,企业连年亏损,员工士气低落。上任伊始,他就给每一个分支机构定了一个力所能及的月度目标,然后在全公司开展"月月赛"。每到月末,他都亲自给优胜部门授奖旗,同时下达下个月的任务。这样一来,全体员工的注意力都被吸引到努力完成当月任务上来了,没有人再去谈论公司的困境,也没人抱怨自己的任务太重。半年下来,全公司竟然扭亏为盈。如今,这家公司已经成为在市内小有名气的先进企业了。

由此可见,在管理工作中,管理者要为员工制定一系列"跳一跳，够得着"的阶段性目标。要是这些都完成了，成功也就不远了！

找到绩效不佳的常见原因

以业绩为向导，进行绩效管理的价值在于帮助员工改善绩效、构建管理者和员工之间的绩效合作伙伴关系。那么，如何才能发现员工绩效不佳的原因，找出影响员工绩效的真正原因，并制定针对性的改善措施，是管理者必须认真对待的问题。通常，影响员工绩效不佳的常见原因往往出现在管理者和员工身上。

一、管理者管理不当造成的

（一）管理者放任员工的行为

郝咪担任部门主管已经 3 个月了，但她发现部门里有些员工似乎缺乏最基本的技能，有时候他们甚至并不知道自己应该做些什么。自己不得不手把手地教他们，而且必须不停地督促他们。员工的表现让郝咪想到了前任部门主管张乐，郝咪认为这一定是张乐的一些管理方法出了问题。于是，郝咪在请张乐吃饭的时候聊到了这个问题。

郝咪说："请您说说您是怎么指导他们的工作的，遇到问题的时候您又是怎么处理的，或许能给我一些启发。"

"这没什么大不了的，"张乐说，"有时候他们需要有人帮他们将所有的工作组织起来，有时候他们则需要有人鼓励他们去和该会面的顾客打交道……我就是这样，在他们需要的时候，就站在他们身边，来做那个帮助他们的人。"

听了张乐的话，郝咪知道了自己遇到的问题不在自己身上，而在前主管张乐的管理方法上。很显然，张乐以前对员工的要求太过宽松，他放任他们，和他们妥协，在他们遇到困难的时候，第一个站出来帮他们，他以为这样做会使那些员工易于管理，不会横生枝节。其实，这样对管理者和员工而言都很不利。对管理者而言，需要超负荷地工作；对员工而言，没有得到锻炼，工作技能得不到提高。最终结果是双方都费力不讨好，工作绩效不理想。

（二）缺乏和员工的沟通

在工作过程中，管理者很少和员工沟通，任务布置下去了，就任由员工自我发展，对过程不关心、不过问，只是在最后要结果。当截止期限到来的时候，才发现工作结果和自己心中期望的结果相去甚远，但是员工这时候就不这么认为了，他认为自己一直是在按照管理者的要求做。由于缺乏工作过程中的沟通，就导致了管理者和员工对工作结果的不同理解。

所以，管理者要加强和员工的沟通，把工作任务分解为几个小阶段，在一些关键阶段上，进行适当的沟通，了解员工的进展情况，并加以辅导，调整员工的工作方向，使之朝期望的结果前进，这样就不至于造成两者最后的结果相去甚远的尴尬了。

（三）管理者指示不明

小张的稿子一直不被上司王玫认可,她总是不明白小张写来写去想要表达的中心思想是什么。而小张在修改稿子的时候,同样也是心情沮丧,他认为自己的稿子很完美,不需要修改,但上司王玫却一直不满意。

对小张修改后的稿子,王玫还是不能认可,所以决定自己修改,王玫的举动更是打击了小张的工作热情,直到下班,小张还一直沉浸在沮丧中。

其实,出现这种情况并不只是小张自己的原因,王玫也有不可推卸的责任。有可能是她在交代工作的时候根本就没和小张进行沟通,没有向他传达清楚稿件的主题。在面对小张稿子有问题的时候,王玫选择自己修改,而忽略了对小张的指导和帮助。要知道,王玫作为管理者的这种行为不仅不会帮助小张提高,反而会深深地打击小张的信心。

二、员工本身的一些问题导致的

(一)员工工作方式不当

员工是否按照规定的程序工作会影响到工作绩效。有的员工自主性很强,可是工作绩效却很低。这就可能是因为他们本身的工作方式不当引起的。尤其是一些有既定程序、工作方式的工作,如果不按照工作程序进行,就会对绩效造成影响。

(二)员工的私人问题的影响

员工的身份都是双重的,既是有着职位的员工、经理、上司、下级,也是别人的父亲、母亲、丈夫、妻子,所以,员工绩效不佳很重要的一个原因可能是被私人问题所困扰。比如，一个员工和妻子关系不和，正在闹离婚，这个时候，员工的工作情绪自然很差，很多工作可能被拖延，至少也是无法保证质量。

（三）员工的工作态度恶劣会影响绩效

有些员工可能工作能力很好，但绩效却很低。这有可能是因为其对别人的建议抱有抵触的情绪，并不从心里接受他人的建议，这样的工作态度也会造成员工的绩效不佳，因此不可忽视。

作为管理者，你要和员工沟通，了解员工的情况，对员工表示关心，同时，要明确地告诉员工："我很理解你的处境，我可以尽我的力量帮助你，但是，作为你，同时有两个工作，一个是公司里的事情，一个是家里的事情，这两件事情都要处理好，在工作时间里，你要把应该做好的工作完成。"这样，员工就会认识到虽然自己遇到了麻烦的事情，但工作还是要照样开展的，绩效也会因此改善。

一般来说，员工绩效不佳都不是管理者或员工单方面的原因，了解了造成员工绩效不佳的原因，可以帮助管理者有效改善员工的绩效。

考核一定要实事求是

先讲一个曾在名古屋商工会议所发生的真实故事：

日本西铁百货公司社长长尾芳郎，把自己特别欣赏的一个朋友介绍给名古屋商工会议所，因为该所急需一名管理分部的主任。

名古屋商工会议所主席土川元夫和这个人面谈后，立即告诉长尾芳郎说："你介绍来的这个朋友不是个人才，我很难留他。"

长尾芳郎听完以后非常吃惊，接着便有点生气地说："你仅仅和他谈了20分钟的话，怎么就知道他不能被留任呢？这种判断太草率，也太武断了吧！"

土川元夫解释说："你的这个朋友刚和我见面，自己就滔滔不绝地说个没完，根本就不让我插嘴。而我说话的时候，他似听非听，满不在乎，这是他的第一个缺点。其次，他非常乐意宣传他的人事背景，说某某达官贵人是他要好的朋友，另一个名人是他的酒友等，向我表白炫耀，似乎故意让我知道，他不是一个一般人。第三，在谈业务发展时，他根本说不出来什么东西，只是跟我瞎扯。你说，这种人怎么能共事呢？"长尾芳郎听完土川的话后，也不得不承认土川的分析很有道理。

就这样，土川元夫没有顾及老朋友的情面，拒绝了他的推荐。后来，经过努力寻找，土川元夫终于找到了一个真正有才能的人。

这个故事中，土川元夫无疑给我们做了一个榜样——管理者在对员工进行考核时，一定要实事求是，行就是行，不行就是不行，绝对不能存有任何的私心偏念，否则，只会给企业带来损失。

赵靓从学校毕业后，应聘到某公司策划部。赵靓属于那种聪明好学，刻苦钻研，能力又非常强的人，因此很快就适应了工作。

在做好自己本职工作的同时，她还经常向主管提出一些富有创意的想法。

但是，赵靓的主管并没有因此而赏识她；相反，却十分妒忌她的才能。在工作中，处处压制她，总是抓住她的一些小毛病不放。

两年过去了，当初和赵靓一起进公司而且能力不如她的同事，一个个都升了职，加了薪，而她却还是一个普通员工。无奈之下，赵靓只好辞职去了另一家广告公司。在那里，她得到了经理的重视，并且很快就能独当一面了。

正是由于赵靓的出色表现，这家广告公司的业务越做越大，和许多企业都建立了合作关系，这其中有相当一部分是赵靓原来公司的客户。后来，原来公司的老总知道了这件事，一怒之下，辞退了那个"妒贤嫉能"的主管。但是，公司由于失掉赵靓这个人才而遭到的损失却是无法弥补的。

对员工的工作进行考核是管理者应尽的职责，更是一项挑战。如果管理者能够实事求是地做好这项工作，那么对企业、管理者及员工都有利，可以达到"共赢"的效果，反之，则对各方都不利。那么，管理者怎样才能做到实事求是呢？

一、避免光环效应

当某人拥有一个显著的优点时，人们总会误以为他在其他方面也有同样的优点。这就是光环效应。在考核中也是如此。如：某员工工作非常积极主动，管理者可能会认为他的工作业绩也一定非常优秀，从而给他较高的评价，但实际情况也许并非如此，因为积极主动并不等于工作业绩优秀。

所以,在进行考核时,管理者应将所有被考核员工的同一项考核内容进行考核,而不要以人为单位进行考核,这样就可以有效防止光环效应。

二、避免感情用事

人是有感情的,而且不可避免地会把感情带入他所从事的任何一项活动中,绩效考核也不例外。管理者喜欢或不喜欢(熟悉或不熟悉)被考核员工,都会对被考核员工的考核结果产生影响。人们往往有给自己喜欢(或熟悉)的人较高的评价,对自己不喜欢(或不熟悉)的人给予较低评价的倾向。

针对这种情况,管理者可以采取集体评价的方法,去掉最高分和最低分,取其平均分,避免一对一的考核。

三、避免近因误导

一般来说,人们对最近发生的事情记忆深刻,而对以前发生的事情印象浅显,管理者对被考核员工某一阶段的工作绩效进行考核时,往往会只注重近期的表现和成绩,以近期印象来代替被考核员工在整个考核期的绩效表现情况,因而造成考核误差。如:被考核员工在一年中的前半年工作马马虎虎,等到最后几个月才开始表现较好,但却能得到较好的评价。

管理者要避免近因的误导就要明白,绩效考核应贯穿于管理者和员工的每一天,而不是考核期的最后一段时间。管理者必须注意做好考核记录,在进行正式考核时,参考平时考核记录方能得出较客观、全面、准确的考核结果。

四、避免自我比较

管理者往往会不自觉地将被考核员工与自己比较，以自己作为衡量他们能力的标准，这样就会产生自我比较误差。若管理者是一位完善主义者，他就有可能会放大被考核员工的缺点，给被考核员工较低的评价；若管理者有某种缺点，则无法看出被考核员工也有同样的缺点。

这就要求管理者将考核内容与考核标准细化、明确，并要求管理者严格按照考核的原则和操作方法进行考核。

适当加压，促进业绩的提升

压力是促进员工提高业绩的有效方法之一。例如，微软公司内部实行的就是独树一帜的达尔文式管理风格："适者生存，不适者淘汰。"微软公司不以论资排辈的方式来决定员工的职位及薪水，员工的提拔升迁取决于员工的个人成就。这一点给员工带来了压力，也带来了很大的动力，促使他们更加努力地工作。

科学家验证，人的脑细胞利用率至少可开发到20%，但实际上，一般人终其一生也只能用掉10%的脑细胞。究其原因，就是因为缺少足够的压力，所以人们自然都不愿主动释放出更多的精力和能量。

于是，许多管理者都认为培养人才是一件非常困难的事情，然而事实并非如此。因为人才都是逼出来的，越多的挑战、越重的任务，就越是能够加速逼迫下属成为有用的人才。因此，不利的环境、繁重的任务反而是最佳的人才培育所。

在美国西海岸的一处山脚下有一家为军方及民间的飞行员制造氧气面罩及其他救生设备的小公司，全公司只有350名员工。商海沉浮，这家公司的营运突然间就陷入了困境，主要原因是它的工资较高，所有按钟点计酬的工作、加班费也比同行业多出一倍。但最大的问题还是在公司上下每个人全都用"平常心"做事。从经理到工人，各人做各人的事。如果公司有麻烦，那是别人的事，他们只要做好分内的工作，或者是他们自认为做好就是了。后来，公司陷入困境。没有了现金，也就无法生产，最后连薪水都发不出来，各种问题纷至沓来。这家公司的管理层到处找有这方面经验的能手，希望能使这家公司起死回生。但有谁愿意负这么大的责任？又有谁有这种高度的自信，敢保证在这种恶劣的条件下成功呢？最后，好不容易找到一位名叫艾隆·布鲁姆的年轻人。

布鲁姆接受了新的任务后，第一件事就是辞退300名员工，然后就是召集剩下的50名员工训话，他宣布："每天自上午8时至下午5时，各人做自己分内的事。你是秘书，就做秘书的事；你是经理，就做经理的事；你是设计工程师，就做设计的事。但在5点以后，从秘书到我自己，全都加入生产线，协助装配工作。你们和我都得听生产线领班的命令。没有加班费，只有一块三明治当晚餐。"

一些员工后来询问布鲁姆，为什么会接受这样一个眼看就要破产的企业的邀请。布鲁姆说："我们的意愿是要使这家公司恢复正常，生产救生设备拯救生命，以合理的价钱销售良好品质的产品。另外，我们也需要我们的工作。我知道我们做得到，否则我也不会来了。"

仅过了两年的时间，这家小太空装备公司就又恢复了正常，甚至营运得比以往还要好，员工的士气为之大振，公司也开始赚钱了。

令人感兴趣的问题是：为什么在布鲁姆的领导下，虽然没有加班费，每个人却都愿意辛勤加班？

另外一个更有趣的问题是：为什么在公司未走上破产之路以前，大家不会这样做？假如大家早这样做的话，公司也许就不会周转不灵了，为什么要等300名员工离开以后，让公司压力达到前所未有的程度时，他们才肯这样做？又为什么50个人能比以前350个人做更多的事？

这些问题很值得我们分析。因为之前的350名员工并不明白他们可以改变困境，同时他们也不在乎要不要改变。而布鲁姆来了之后，他让剩下来的50位员工明白了这一点，使他们在乎——如果不这么做，我们也必须像那300名员工一样离开。因此，他们完成了看似不可能完成的任务。

作为管理者，一定要善于运用自己所掌握的权力，对员工适当施加压力,从而使其充分发挥潜能,成长为出色的人才。一个管理者,应该有胆有识,不拘泥于条条框框的限制,敢于放手使用员工。这时他会发现,生产部的人一样也可以担当谈判大任,而秘书科的人也未必只会端茶倒水或者只是打打字而已。

如果管理者能让员工都有一试身手的机会,就可以从中择优而更好地达到人才利用效率的最大化。

第十章 用对人做对事,执行制度要有得力人选

请合适的人上车，不合适的人下车

"如果你有智慧，请你拿出来；如果你缺少智慧，请你流汗；如果你既缺少智慧，又不愿意流汗，请你离开！"这是蒙牛集团始终坚持的一种用人观，也是任何一个企业都在追求的一种用人观。毕竟任何一家企业，需要的员工都是能创造效益的有价值的员工。

企业要发展，就必须提高自身的竞争能力，而团队职业化的高低直接影响竞争能力的强弱，团队的整体职业素质是制约团队发展、团队业绩提升的瓶颈。要想突破这个瓶颈，就要确保每一个员工的素质都要达到一定的水平。这就要求企业从一开始就要做好员工的选拔工作。

有一群虫子在草地上开联谊会，它们一边兴奋地聊着天，一边开心地吃着可口美味的食物。不久，就把准备好的汽水喝了个精光。

聊了很久，大家口渴难耐，于是就商量要派一个代表跑腿帮大家买汽水，而卖汽水的地方离这里有一段很长的路程，小虫子们认为，要解决口干舌燥的急事，就一定要找到一位跑得特别快的代表，才能胜任这样的任务。

大伙你一言我一语，终于一致推选蜈蚣为代表，因为它们认为蜈蚣的脚特别多，跑起路来，一定像旋风那么快。

蜈蚣在所有小虫子们的期待下，起身出发为大家买汽水，小虫子们则放心地继续嬉闹欢笑，一时忘记了口渴。

过了好久，大家东张西望，焦急地想蜈蚣怎么还没回来。情急之下，螳螂跑去了解究竟发生了什么事。它一推开门，才发现蜈蚣还蹲在门口辛苦地穿鞋呢！

有的领导者往往会根据外表来判断一个人的能力或人格。然而，实际上看走眼的概率是相当高的。毕竟，一个人的能力或人品实在无法单凭外表来评判。此外，人们也常常产生先入为主的偏见，以为只要腿长或脚多，就一定跑得快。然而像故事中的蜈蚣一样，虽然脚多，却不见得跑得快。所以，客观地评估一个人的优缺点对于选择人才是很有必要的。尤其对人事主管而言，在招聘或任用时，更应站在不偏不倚的角度，去除个人的偏见，甚至发展或建立一套客观的评估标准来选择合适的人才，才不会造成人力资源的虚耗。

在选拔人才时只将合适的人请上车还不够，还要定期将不适合企业的人请下车。老鹰是所有鸟类中最强壮的种群，根据动物学家所做的研究，这可能与老鹰的喂食习惯有关。

老鹰一次孵出四五只小鹰，由于它们的巢穴很高，所以猎捕回来的食物一次只能喂食一只小鹰，而老鹰的喂食方式并不是依平等的原则，而是哪一只小鹰抢得凶就给谁吃。在此情况下，瘦弱的小鹰吃不到食物都死了，最凶狠的存活下来，代代相传，老鹰一族愈来愈强壮。

这个故事告诉我们：适者生存，公平不能成为组织中的公认原则，组织如果没有适当的淘汰制度，常会因为一些小仁小义而耽误了进化，在竞争的环境中将会遭到自然淘汰。

一般而言，企业里往往有三种人：

第一种是为国家创造财富、为企业增加积累的人；

第二种是不思进取但求无过的人；

第三种是职位低、权力大的人。

对于第一种人，领导者应该积极鼓励；对于第二种人，领导者要稳定；对于第三种人，领导者则有必要进行教育。

然而，如果教育之后，他们仍旧是停滞不前，不思进取，那就应该采取果断措施——辞退。企业里的人才要有进有出，绝不能像死水一潭，要让员工有危机感，坚信人无压力，便无动力。

疑人不用，用人不疑

"疑人不用，用人不疑"的核心就是"信任"。作为一个合格的领导者，具备这样的用人之道，毫无疑问是其最基本的素质之一。但是，在具体运作的时候，很多人会觉得真正做到这一点是十分困难的。

与员工建立良好的信任关系，是领导者试图达到的一种理想的用人状态。所谓"疑人不用，用人不疑"，讲的就是这个道理。问题的关键是：你如何在用权的时候赢得下属的信任，或者如何使下属对你的权力支配心甘情愿呢？一些领导者之所以紧抓住权力，其中一个重要的原因就是不信任下属，怕下属把事情办砸了。因此，领导者放权的一个前提就是信任下属。没有信任，上下级之间很难沟通，很难把一件事处理好，这样，领导用起人来，就很困难，甚至受到阻碍。

信任下属——要做到这一点，必须用人不疑，疑人不用！这就是说，必须是在可以信任的基础上用人，否则要坚决弃而不用。因为没有信任感地用人，即使委以重任，也形同虚设，起不到应该起的作用。"疑人"是必要的，但不是"用人"的前提。假如一个员工某些方面存在严重不足，已经属于"疑人"范围，要么弃而不用，要么等到条件成熟后再用，不必非要冒险，这是常识。

日本人曾盛誉松下公司创始人松下幸之助为"用人魔鬼"。他在用人方面，就很有手腕。

松下幸之助是一位在日本企业界，乃至全世界的企业家中大名鼎鼎的人物，被誉为日本的"经营之神"。在日本现代企业经营史上，获得成功的大小企业家数不胜数，但只有松下幸之助一人被誉为"经营之神"。之所以如此，是因为他不仅是一个白手起家的成功者，而且是一个优秀的企业经营思想家。

松下幸之助的成功，与他的用人之道分不开。松下幸之助可以称得上是用人不疑，疑人不用的企业家的典范。他的秘诀之一，就是充分相信自己的下属，最大限度地调动他们的工作热情和积极性。

在松下幸之助还只是个20岁的小伙子时，对人的理解就已经达到了相当高的水准。当时日本流行一种用沥青、石棉和石灰等构成的烧制材料。为了维护各自的利益，一般的企业都把这种烧制材料的制作配方作为企业的秘密严加保护，除了亲属绝不外泄。

但是，年轻的松下幸之助却一反常规，他不仅不对自己的员工保守秘密，而且还毫不犹豫地将技术传授给刚招进厂的新职工。有些人很为他担心，松下幸之助却不以为然地说："只要说明原委，新职工是不会轻易背信弃义随便向外泄露秘密的。重要的是相互信任，否则不仅事业得不到发展，也无法造就出人才。"结果，他的工厂不仅没有发生泄密的事情，而且还收到了良好的效果，职工因受到信赖而心情舒畅，生产热情十分高涨。

这件事也让松下幸之助初次尝到了用人不疑的甜头。后来松下幸之助为了扩大市场，需要在西海岸的金泽市开办一家营业所，推销产品，为此必须派出一名主任领导这项工作。在营业所主任的人选上，他看中了一名初中毕业参加工作才两年的年轻人。别人认为这个小伙子没有经验，资历也不够，但松下幸之助坚持己见，破格提拔他为主任。

松下幸之助对这个年轻人说了这样一段话："你已经20岁了，这个年龄在古代已是武士到阵前取回敌方大将首级的年龄了。你也有了两年的工作经验，一定可以胜任这个职位。至于做生意的方法，你认为怎样做是对的，你就怎样去做。你一定会干好的，你要相信自己。"

结果，这个年轻人因为松下幸之助的充分信任而激动万分。他信心十足地率领派给他的两个学徒在新的地点拼命工作，不仅很快打开了局面，而且获得了极大的成功。

这件事一直是松下幸之助最为自豪的往事。松下幸之助从这件事得出了这样的结论："人只要有了自觉性和责任心，就有力量去完成乍看起来好像不可能完成的困难任务。"

松下幸之助的用人之道至今在日本的企业界被到处传诵着。他的成功，除了具有胆识和魄力以外，还主要源于他对人的了解。只有充分了解各种各样的人，才有可能从中发现人才，并将其放到能发挥作用的地方，合理使用人才。银行界大亨摩根把他无数的钱财全部交给属下分别掌管，这并非是他不重视这些钱财，而是他已经训练出他的属下具有了确实负起责任而无疏忽大意的能力。当然，摩根的信任绝非盲目，他先将小的责任交给手下人，待手下人陆续用事实证明自己确实可信任时，再委以重任。

可见企业领导者最好的用人办法是给员工充分的信任和鼓

励,大胆起用人才,做到疑人不用,用人不疑。

善于用人之长,避人之短

《淮南子·道应训》中有记载:

楚将子发非常喜欢结交有一技之长的人,并把他们招揽到麾下。当时有一个其貌不扬、号称"神偷"的人,子发对此人也是非常尊敬,待为上宾。有一次,齐国进犯楚国,子发率军迎敌。由于齐军强大,三次交战,楚军三次败北。正当子发一筹莫展的时候,那位其貌不扬的"神偷"主动请战。当天夜里,在夜幕的掩护下,"神偷"将齐军主帅的帷帐偷了回来。第二天,子发派使者将帷帐送还给齐军主帅,并对他说:"我们出去打柴的士兵捡到您的帷帐,特地赶来奉还。"那天晚上,"神偷"又将齐军主帅的枕头偷来,然后又于次日由子发派人送还。第三天晚上,"神偷"又将齐军主帅头上的发簪子偷来,次日,子发照样派人送还。齐军士兵听说此事,甚为恐惧,主帅惊骇地对手下们说:"如果再不撤退,恐怕子发要派人来取我的人头了。"于是,齐军不战而退。

一个企业需要的人才是多种多样的,同时,每个人也只能够在某一方面或某几个方面比较出色,不可能在各个方面都非常出色。高明的领导者在用人时,不会盯住人才的缺点,而是发现人才的长处,让他的某方面特长能为团队的事业做出贡献。

明代永乐皇帝朱棣是一位很有作为的皇帝。他当皇帝二十多年，摸索出了"君子与小人"的一套用人经验。有一次，他和内阁辅臣聊天时谈到用人，对现任的六部大臣逐一评价，说了一句："某某是君子中的君子，某某是小人中的小人。"这两个人当时一个是吏部尚书，一个是户部尚书。

用"君子中的君子"我们很容易理解，举国上下那么多人，为什么朱棣还要让一位"小人中的小人"担任那么重要的职位呢？这正是朱棣用人高明的地方：让"君子中的君子"做吏部尚书，不会结党营私，把自己的门生、亲戚和朋友全部安排到重要岗位上，而是以国家利益为重，为国家、朝廷选拔人才；而"小人中的小人"做户部尚书，能为了把财税收起来不择手段。朱棣每年的军费开支非常大，正常的财政收入根本无法应付，除了常规的赋税外，每年还必须要有大量的额外收入来支撑军费。所以他必须找一个会给他收钱的"小人"。

有人说：没有平庸的下属，只有平庸的领导。每个人都是长与短的统一体，任何人只能在某一领域是人才，一旦离开他精通的领域，人才就会变成庸才。因此领导者在用人时，只能是择其长者而用之，恕其短者而避之。任何人的长处，大都有其固有的条件和适用范围。长，只是在特定领域里的"长"。如果不顾条件和范围，随意安排，长处就可能变成短处。

有那么一位颇具盛名的女园艺工程师，专业上很有造诣。不料被上司选中，一下子提为某局局长。结果，女工程师的业务用不上了，对局长的工作呢，既不擅长，又不乐意干，两头受损失，精神很苦恼。这就叫作"舍长就短"。举人者也是出于好心，想重用人才，但由于不懂用人的"长短之道"，反而浪费了人才，造成了新的外行。

领导者应以每个下属的专长为思考点，安排适当的位置，并依照下属的优缺点，做机动性调整，让团队发挥最大的效能。最糟糕的领导就是漠视下属的短处，随意任用，结果总是使下属不能克服短处而恣意妄为。一个成功的领导者，在带领成员时，并不是不知道人有短处，而是知道他的最大任务在于发挥他人的长处。

然而，如果一个人的短处足以妨碍其长处的发挥，或者妨碍到团队组织的纪律、正常运作与发展时，那么领导者就不能视而不见，而且必须严正地处理了。尤其是在品德操守方面，正所谓：人的品德与正直，其本身并不一定能成就什么，但是一个人在品德与正直方面如果有缺点，则足以败事。所以，领导者要容忍短处，但也要设定判断及处理的准则。

敢于用比自己强的人

敢不敢用比自己强的人？这恐怕是领导者在用人中对自己最大的考验，同样也是老板最容易犯的错误。

"他都比我强了，那在别的员工眼里，他是老板还是我是老板？"

有些领导者认为：1.别人比他强就意味着自己不称职，同时意味着会在员工心目中丧失威信，而后就做不了老板。2.员工中有比自己强的人，那他一定会对自己的位置虎视眈眈，总想取而代之，不能养虎为患。3.有能力的人或多或少都是有野心的，明知等他们强大后会自立门户，为何却还要给他营造个发展的机会，多个强劲的对手呢？ 4.在企业，我称老二就不能有人敢称老大……

在这类心态的支配下，领导者往往就希望别人无限放大他的才能，而他自己却无限缩小别人的才能。当员工工作取得比领导者好的成绩，获得更多的支持时，领导者就会觉得他们是在树立自己的威信并且威胁到他的领导权。领导者在这种心态支配下，势必会严重挫伤这些员工的积极性。

其实，一个优秀的领导者，想获得成功，不是要处心积虑地去压制属下，而是要想方设法雇用比自己优秀的人，并且让他们受到重用，让这些比自己更优秀的人来效忠。

全球零售巨头沃尔玛的总裁李·斯科特，就是一位敢于聘用比自己更优秀的人的领导者。

1995年，斯科特雇用了一个员工迈克·杜克负责物流工作，向自己汇报。到现在，迈克已经是沃尔玛的副主席了。

当时迈克被提升接管物流部门的同时，斯科特自己也升职了。那一天他正在法国，忽然收到了一封传真，调任他做新的销售部总经理。

这让斯科特有点吃惊，之前他一直负责物流和仓储运输，从来没有从买方的角度来工作。于是他就问老板为什么要自己来负责全球最大零售商的销售，得到的答案是：因为斯科特可以找到一个雇员，做得比自己还好。即使斯科特把销售部搞得一团糟的时候，至少还有迈克可以让物流部保持原样！

正因此，斯科特一直认为是因为他雇用了比自己更强的人，他才能够走到今天这一步。

凡是想要成大事的人，都应该像斯科特一样，能把比自己强的人招揽到自己旗下，并诚心相待。

美国的钢铁大王卡内基的墓碑上刻着："一位知道选用比他本人能力更强的人来为他工作的人安息在这里。"卡内基的成功在于善用比自己强的人。在知识经济时代，领导者就更需要有敢于和善于使用比自己强的人才的胆量和能力。

领导者要想成功，除了敢用比自己强的人外，还要做到以下三点：

1. 领导者要具备足够的胆量。因为，任用比自己强的人，往往会产生一种"珠玉在侧，觉我形秽"的危机感。作为一名领导，要想做到乐于用比自己强的人，就必须有胆量去克服嫉贤妒能的心理。那些生怕下级比自己强，怕别人超过自己、威胁自己，并采取一切手段压制别人、抬高自己的人，永远不会成为有效的领导者。所以，领导者敢用和善用比自己强的人，一定要有足够的胆量。

2. "强者"并不等于"完人"。优秀的人才最可贵的地方就在于他有主见、有创新能力，不随波逐流，不任人左右。真正的人才需要具备很强的创造力，能为组织带来绩效及为领导开创局面，甚至其能力超过领导者。然而，他们也并不是完人，所以领导者还要具备容人之雅量。

3. 要允许失败。失败乃成功之母。在创造性的工作中，失败是常有的事，不能因为他们强就剥夺他们失败的权利。

领导者只有在敢用比自己强的人的基础上做到以上3点，才能真正保证企业在市场上保持持久的竞争力，获得成功。

用人不拘一格，不论资排辈

闻鼙鼓而思良相，人才的重要地位和作用，在一切团队管理中都是举足轻重的，善于用人是领导者必备的素质之一。团队要想在竞争中获胜，就要有大批真才实学的人才。而要想群贤毕至，就需要领导者在选任人才时不要有固定不变的模式，敢于打破文凭、资历、年龄这些条条框框，任人唯才，唯才是用，只要有才就应为我所用。

一、不计年龄

据统计，人的一生中25～45岁之间是创造力最旺盛的黄金时期，被称为创造年龄区。如果领导者不敢重用年轻人才，既耽误年轻人才的前程，也会不利于自己的事业。当然，用人不计较年龄并不是说"唯小是举",还是要唯才是举,只要有才,都可为我所用。

领导者用人千万不能以年龄为标准一刀切,假如你制定一个53岁就不能再提拔的政策,那么50岁出头的人工作态度肯定要大打折扣。"年龄是个宝,能力做参考"就是讽刺用人唯年轻化的现实,领导者不能不引以为戒。

二、不拘小节

领导者用人用的是才,只要这个人能帮你做好事情,就不应该求全责备。人才的那些高傲、偏执、好强的性格缺点以及邋遢、懒散等行为习惯完全可以忽略不计,至于那些嗜酒、好色、贪财的毛病,也应该予以宽容,但要注意将其控制在一定的范围内,不至于酿出大祸。

著名将领吴起在离开鲁国后,听说魏文侯很贤明,就想去投奔他。魏文侯问大臣李克:"吴起这个人为人怎么样?"李克说:"吴起贪心而好色,但是他用兵的能力连司马穰苴也不能超过他。"于是魏文侯就任命吴起为将军,率军攻打秦国,果然,他骁勇无比,连克五座城池。

但凡优秀的领导者都懂得人无完人的道理,在识人用人的时候不拘小节,看重才干。如果要想发展,则必须依靠有才干的人来冲锋陷阵。

三、不看外貌

人有美丑之分,但长得丑不是一个人的错,更不能说明这个人无才。《三国演义》中的张松、庞统，虽然人丑但是很有才。如果一个领导者只因为一个人看起来不顺眼，"咔嚓"一下把此人的才能否决了，那绝对是识人的错误。

一个人才既有好看的外表，又有满腹才略当然最好，然而相貌丑陋，才华横溢的也与大局无妨。比如曾国藩的两个幕僚，罗泽南"貌素不扬，目又短视"，骆秉章"如乡里老儒，粥粥无能"。领导者用人是要用他的才，而非他的貌，千万不可本末倒置。

四、不分亲疏

不任人唯亲，要唯才是举，这样的话说起来简单，但领导者要真正做到又是何等的艰难。只有具有顽强的意志和极高的情操，才能克服私心、私欲，真正做到任人唯贤。卡尔诺将军在拿破仑执政前，曾竭力反对拿破仑当"第一执政"和皇帝。几年后，当他愿为拿破仑效力时，拿破仑即任命他为安特卫普总督，之后又任命为内务大臣。知人善任，不拘一格，使拿破仑成了统率劲旅、横扫千军的旷世伟人。

五、不藏私心

领导者要避免用人唯亲的错误，就要做到"内举不避亲，外举不避仇"，要有公正之心，不能藏有私心，不能为了立山头、拉帮派或者打击异己而失去了公正。领导者能否做到公心选才，既关系到人才的命运，也关乎自己的命运。如果领导者只凭个人好恶、亲疏、恩怨、得失来识人用人，一方面会使德才平庸、善于投机取巧的人得到重用，另一方面又会埋没一些德才兼备的人。

六、不管门第

"英雄问何处,当初皆贫寒。"大凡贤能之士多产生于卑贱贫苦人家,只有独具慧眼的领导才能发现、提拔、任用他们。

比如汉代的朱买臣,家里很穷,靠砍柴卖柴来维持生活,他妻子吵着要离婚,这在封建社会对一个男人而言,实在是莫大的耻辱。但朱买臣不以为然,继续背他的书。后来严助向皇帝推荐了朱买臣,他被召见,同汉武帝谈论《春秋》《楚辞》,汉武帝十分赏识他,提拔他当了会稽太守。

七、不迷表象

真正具有真才实学的人才往往是大智若愚的,而那些多少有点才的人往往善于言谈,这让领导者很难辨别谁是真正的人才。赵孝成王重用纸上谈兵的赵括,诸葛亮轻信志大才疏的马谡,都是因为被其光鲜的外表所迷惑了,犯了识别人才时的一个常见错误——"耳目之误"。

领导者在识别人才时,千万不能被表面现象所迷惑,要从工作实践中去观察其能力,从工作业绩中去判断其水平。

八、不重资历

没有出名的"小人物"一开始总容易被人看不起。

如法国年轻的数学家伽罗华17岁时写出关于高次方程代数解法的文章,进到法兰西科学院,没有受到重视。20岁时,他第三次将论文寄去,审稿人渡松院士看过之后的结论是:"完全不可理解!"又如美国科学家贝尔想发明电话,他将自己的想法说给一位有名的电报技师听,那位技师认为贝尔的想法是天大的笑话,还讥讽说:"正常人的胆囊是附在肝脏上的,而你的身体却在胆囊里,少见!少见!"

龚自珍认为,论资排辈的用人制度阻碍了人才的发掘,导致了"朝廷无才相、地方无才吏、边关无才将、田野无才农、集市无才商、山林无才盗、陋巷无才偷"的荒唐局面,所以他疾呼"我劝天公重抖擞,不拘一格降人才"。尽管一百多年过去了,龚自珍老先生的声音犹旋在耳!

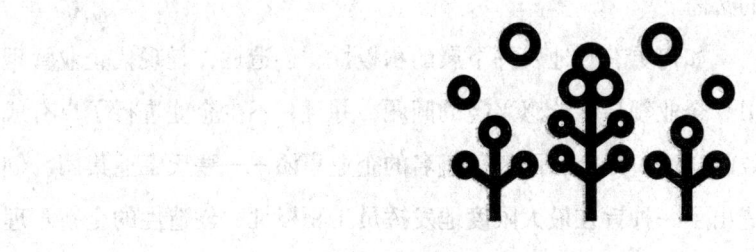

第十一章

掌握授权的艺术,执行起来四两拨千斤

通过授权提升领导力

　　授权是现代领导的分身术。南希·奥斯汀说："它（授权）是人人都是企业家的现象，这能使每个人都成为经营战略信息流当中的一员，使每个人都成为主人翁。"现代社会，领导者面临政治、科技、经济、社会协调等千头万绪的工作，纵使有天大的本事，光靠自己一个人也是绝对不行的，必须依靠各级各部门的集体智慧和群体功能。这就要根据不同职务，授予下属以职权，使每个人都各司其职，各负其责，各行其权，各得其利，职责权利相结合。如此一来，就能使领导者摆脱烦琐事务，以更多的时间和精力解决全局性的问题，提升领导力。所以与职务相应的权力不是领导者的恩赐，不是你愿不愿意给的问题，而是搞好工作的必需。

　　如何更有效地发挥下属的积极性、创造性，是现代企业管理中令企业领导十分感兴趣的问题，并且，不少企业进行了卓有成效的尝试。当今巴西最负盛名的企业集团——塞氏工业集团，创造出了一种旨在最大限度地发挥员工积极性、创造性的全新管理模式。

　　塞氏企业是一个生产多种机械设备的大型集团。几年前，理查德·塞姆勒从父亲手中接下塞氏时，它还是个传统的企业。刚开始，塞姆勒也深信拥有纪律的高压管理能创造效益，以统治数字为武器的强干也能主导业务。但在一次生病后，塞姆勒的这种想法发生了彻底的改变。

塞姆勒先是取消公司所有的规定。因为他认为规定只会使奉命行事的人轻松愉快，却妨碍弹性应变。原本在塞氏，每位新进入的员工都会收到一本20页的小册子，重点提醒大家用自己的常识判断解决问题。

而现在，塞氏企业的员工已经可以自定生产目标，不需劳驾管理人员督促，也不要加班费。主管们也享有相当大的自主权，可以自行决定经营策略，不必担心上级会来干预他。最特别的是，员工可以无条件地决定自己的薪水。因为塞氏主动提供全国薪水调查表，让员工比较在其他公司拥有相同技术和责任的人所拿的薪水数目，塞姆勒毫不担心有人会狮子大开口。

员工们也可以自由取阅所有的账册，公司甚至和工会一同设计了专门课程，教全体员工如何看各种财务报表。

每当要做真正重大的决定时，例如要不要兼并某公司等，塞氏将表决权交给公司全体员工，由全公司员工的投票结果决定。

塞氏没有秘书，没有特别助理，因为塞姆勒不希望公司有任何呆板的而又没有发展的职位。全公司上上下下，包括经理在内，人人都要接待访客、收传真、拨电话。塞氏曾做过试验：将一叠文件放进作业流程，结果要3天才送进隔壁办公室对方手里，这更坚定了塞姆勒要精简组织的决心。

塞姆勒不像别的老板那么勤于办公。早上他多半在家里工作，因为他认为那样比较容易集中精神。他甚至还鼓励公司其他经理也像他一样在家里工作。此外，他每年至少出外旅行两个月，每次旅行都不会留下任何联络的电话号码，也不打电话回公司，给塞氏其他领导充分的职权，因为他希望塞氏的每个人都能独立工作。

塞氏继对组织进行变革后，也改变了部门之间的合作方式。比如某个部门不想利用另一个部门的服务，可以自由向外界购买，这种外界竞争的压力使每个人都不敢掉以轻心。塞氏还鼓励员工自行创业，并以优惠的价格出租公司的机器设备给创业的员工，然后再向这些员工开设的公司采购需要的产品。当然，这些创业的员工也可以把产品卖给别人，甚至卖给塞氏的竞争对手。

塞姆勒一点都不担心这样会弄垮塞氏，他说：这样做使公司反应更敏捷，也使员工真正掌握了自己的工作——伙计变成了企业家。

此外，塞氏还进行工作轮调制。每年他们有20%～25%的经理互相轮换。塞姆勒认为，人的天性都是闲不住的，在同一个地方待久了，难免会觉得无聊，导致生产力下降，唯一的方法就是轮调。同时由于塞氏的各项工作速度及频率都太快了，这给员工造成了相当大的压力，塞氏非常重视专业再生充电，也就是休假制。因为这可以让员工借此机会重新检讨个人的工作生涯与目标。

令人称道的是，在经济不景气、经济政策混乱的大环境中，塞氏近12年来的增长率高达600%，生产力提高近7倍，利润上升5倍。无数应届毕业生表示自己有到塞氏工作的意愿。

如果领导者对下属不放权，或放权之后又常常横加干预、指手画脚，必然造成管理混乱。一方面，下属因未获得必要的信任，便会失去积极性；另一方面，这也会使下属产生依赖心理，出了问题便找领导，领导者就会疲于奔命，误了大事。因此，企业领导者要下属担当一定的职责，就要授予相应的权力。这样有利于领导者集中精力抓大事，更有利于增强下属的责任感，充分发挥其积极性和创造性。

接受的工作越重要，员工越有干劲

对于人才培养，最重要的是委以重任。要逐渐拓宽被培养者处理工作的范围，这是促其成长的动力。

通常而言，员工都有一种强烈的欲望，希望被别人重视，想多担负一些责任。因为担负了责任，自己就有责任感，换句话说，给了某人责任与权限，他就可以在此权限范围内有自主性，以自己的个性从事新的工作，一旦员工尝到了在重要的工作中获得成就的甘果后，就能调动自身的内在潜力和干劲，迸发出更强烈的进取欲望。

所以,领导者要让所有的员工都明白,你希望他们能完成艰巨的工作任务,希望充分发挥他们的水平。

一个人的精力虽然不是无穷无尽的,但是有时候也能发挥出超越自身极限的力量来。员工在困难中的紧张感,对自己的信心,对困难工作的坚决果断,以及坚持到底的热情,不怕苦难必须成功的毅力,这一切融合在一起的时候,就会爆发出巨大的威力,做出原先想不到的成就。

如果员工认为自己的工作不重要,就会在很大程度上影响他的积极性。曾经有一个员工说:"现在的工作分工越来越细,也越来越单调,如果长期如此,就会越干越没兴趣。"也有员工说:"我根本不知道干这份工作有什么意义,简直太乏味了!"可见,如果员工认为自己的工作并不重要,或者对工作的重要性认识不足,那他就看不到工作的价值,也就激发不起他们工作的热情,更无从激发其潜力了。

工作的重要性有两重含义:一是在企业内部,全体员工公认是一项重要的工作;二是从整个社会来看是一项重要工作。

在企业内部,将工作细分之后,其个人承担工作的重要性也就削弱了。领导者要善于授权,并赋予工作以重要意义,从而增强员工的荣誉感和使命感。

一位旅馆经理吩咐一位男服务生去关一间房间的窗户,在这位男服务生可能埋怨只让他做这份本该由女服务员做的简单工作之前，经理就以一种非常慎重的态度告诉他："那间房间的窗帘非常昂贵，你现在必须赶快把窗户关好，否则待会儿刮风下雨，窗帘一旦损坏，就会出现重大损失。"

这位男服务员听完之后，立即飞奔去关窗户了。

这位饭店经理的高明之处在于，他让那位男服务生认为自己担负的责任不仅仅是关窗户而已，还需要他去保护价值昂贵的窗帘。

因此，领导者有必要谨记一点：让对方知道他必须如此做的理由；让对方知道他所担负的某项任务的重要性。

一个人一旦有了成就，就会产生一种满足感，为了获得更大的满足感，他就会做出更大的成就，这就是一种良性循环。

集权不如放权更有效

在现代企业中，优秀的领导者是那些有能力使他的下属信服而不是简单地控制下属的人。这就要求，想成为优秀的领导者，就必须善于分派工作，就是把一项工作托付给别人去做，下放一些权力，让别人来做些决定，或是给别人一些机会来试试像领导一样做事。

当然，有的工作并不是人人都乐意去做。这时候，领导者就该把这些任务分派一下，并且承认它们或许有些令人不快，但是无论如何这个工作也必须完成。

这种时候，领导者千万不要装得好像给了被分派这些任务的人莫大的机会一样，一旦他们发现事实并非如此的时候，也许就会更讨厌去做这件事。这样一来，想想看，工作还能干得好吗？为什么总有些领导会觉得把工作派给别人去做是件如此困难的事情呢？下面这几点就是可能出现的原因。

1. 如果领导者把一件可以干得很好的工作分派给下属去做了，也许他达不到领导者可以达到的水平，或者效率没有领导者那么高，或者做得不如领导者那么精细。这时，求全责备的思想就会以为把工作派给别人去做，不会做得像自己做得那么好。

2. 领导者害怕自己一旦把工作交给别人做了之后，就会无事可干。所以那些手握小权的领导者，哪怕是芝麻大的事也不舍得放手让别人去干。

3. 如果让别人去做领导者自己的工作，领导者可能会担心他们做得比自己好，而最终取代自己的工作。

4. 领导者没有时间去教导别人该如何接受工作。

5. 没有可以托付工作的合适人选。

其实，如果领导者确确实实想要把工作分派下去，那上面列举的这五个问题都不会成为真正的问题。因此领导者要对付的第一件事就是自己对此事所持的推诿态度。

如果领导者确实有理由担心，因你的员工在工作上出了差错之后，领导者就会丢掉自己的工作；或者在领导者工作的地方，氛围很差，领导者担心工作不会有什么起色，这时候，领导者就有必要和自己的上司谈谈这些情况，从而在分派工作的问题上获得他的支持。

如果确实还没有可以托付工作的人选，而领导者自己又已经满负荷运转，那么，也许领导者就有必要考虑一下是不是应该再雇一个人。

当然，放权也要有个度。其中，"大权独揽，小权分散"是现代企业中实行的一项既可以授权又能防止权力失控的有效办法。

法国统盛·普连德公司是一个生产电子产品、家用电器、放射线和医疗方面电子仪器的大型电器工业企业。该公司属下各分公司遍布全球，为了对这个年销售额达到数十亿美元的大企业进行有效的管理，公司实行了"大权独揽，小权分散"的管理制度。

总公司紧握投资和财务方面的两大关键权力。而且公司所属的分公司，每年年底都要编制投资预算报告，并呈报总公司审核，总公司对预算报告进行仔细分析，如果发现有不当之处，就让各公司拿回去进行修改。当投资预算获得批准后，各公司都必须照办。当然，这些预算也不是不可变更的，只要在预算总额内，各分公司的主管还可以对预算内的金额进行调整。通常，分公司的经理拥有对每一个预算项目增、减10%的权力，如果数目超过10%，那就必须经过高一级的主管批准。

该公司建立了一项十分有效的管理控制员制度，对下属公司的生产，尤其是财务方面进行监督。这些管理控制员在执行任务时，都得到了总公司董事会的全力支持，他们对各公司的间接制造费用、存货和应收款等特别注意，一旦发现有任务不正常的迹象，就立即报告总公司，由总公司派人进行处理。各分公司每个月的财务报表都必须有管理控制人员签字，才能送交董事会。

我们看到，该公司在投资和财务两方面牢牢掌握住大权，但是在别的方面却实行了分权。该公司的领导者认为，大的企业，其领导者不可能事必躬亲，分权制度可以减少领导者的工作压力；即使是小企业，其领导者也不可能事无巨细，包揽每一项工作，也必须给下属分权，让下属发挥其聪明才智，为企业出谋划策，促进企业的发展。

因此，该公司的每一家分公司都自成一个利润中心，都有自己的损益报表，各事业部门的经理对其管辖的领域都享有充分的决策权，同时他们也尽量把权力授予下级，充分发挥分权制度的最佳效果。

自从实行分权管理制度后，统盛·普连德公司就成功调动了各分公司的积极性，生产蒸蒸日上，利润年年增加，获得了相当大的成功。统盛·普连德公司"大权独揽，小权分散"的成功经验，也给现代企业管理提供了很好的借鉴。公司的要害部门要直属，公司的关键大权要掌握在自己手里，其余的权力能放就放。这样，上下级就能劳逸平均，各得其所，各安其职，每个人的积极性、创造性都得到了充分的调动，同时又不至于发生权力危机。

授权要讲究策略和技巧

领导者面对的是一个个有思想的人,授权时如果不分对象、不看情势会造成领导者对权力的失控。因此,授权必须讲究策略和技巧,在对权力的一收一放之间找到运用权力的正确节奏。

一、不充分授权

不充分授权是指领导者在向其下属分派职责的同时,赋予其部分权限。根据所给下属权限的程度大小,不充分授权又可以分为以下三种具体情况:

1. 让下属了解情况后,由领导者做最后的决定;让下属提出所有可能的行动方案,由管理者最后抉择。

2. 让下属制订详细的行动计划,由领导者审批。

3. 下属采取行动后,将行动的后果报告给领导者。

不充分授权的形式比较常见,由于它授权比较灵活,可因人、因事而采取不同的具体方式,但它要求上下级之间必须确定所采取的具体授权方式。

二、学会弹性授权

这是综合充分授权和不充分授权两种形式而成的一种混合的授权方式。一般情况下,它是根据工作的内容将下属履行职责的过程划分为若干个阶段,然后在不同的阶段采取不同的授权方式。这反映了一种动态授权的过程。这种授权形式,有较强的适应性,也就是当工作条件、内容等发生变化时,领导者可及时调整授权方式以利于工作的顺利进行。但使用这一方式，要求上下级之间要及时协调，加强联系。

三、掌握制约授权

这种授权形式是指领导者将职责和权力同时指派和委任给不同的几个下属，让下属在履行各自职责的同时形成一种相互制约的关系。如会计制度上的相互牵制原则。这种授权形式只适用于那些性质重要、容易出现疏漏的工作。如果过多地采取制约授权，则会抑制下属的积极性，不利于提高工作的效率。

四、尽量避免授权的程序错乱

一个企业即便人员不多，授权也应该注意一定的程序，否则，授权的结果只会带来负效应，在实际工作中，领导者的有效授权往往要依下列程序进行：

1. 认真选择授权对象。如前所述，选择授权对象主要包括两个方面的内容：一是选择可以授予或转移出去的那一部分权力；二是选择能接受这些权力的人员。选准授权对象是进行有效授权的基础。

2. 获得准确的反馈。领导者授意之后，只有获得下属对授意的准确反馈，才能证实其授意是明确的，并已被下属理解和接受。这种准确的反馈，主要以下属对领导授意进行必要复述的形式表现出来。

3. 放手让下属行使权力。既然已把权力授予或转移给下属了，就不应过多地干预，更不能横加指责，而应该放开手脚，让下属大胆地去行使这些权力。

4. 追踪检查。这是实现有效授权的重要环节。要通过必要的追踪检查，随时掌握下属行使职权的情况，并给予必要的指导，以避免或尽量减少工作中的某些失误。

当然，在授权时，还应注意以下四点：

1. 领导者授权时要注意激发下属的责任感和积极性。授权的目的，是要下属凭借一定的权力，发挥其作用，以实现既定的领导目标。但如果领导者有权不使，或消极使用权力，就不能达到这个目的。因此必须制定奖惩措施，对下属进行激励，引入竞争机制。

2. 领导者要给下属明确的责任。要将权力与责任紧密联系起来，交代权限范围，防止下属使用权力时过头或不足。如果不规定严格的职责就授予职权，往往成为管理失当的重要原因。

3. 领导者要充分信任下属。与职务相应的权力应一次性授予，不能放半截留半截。古人云："任将不明，信将不专，制将不行，使将不能令其功者，君之过也。"领导者给职不给相应的权，实际是对所用之人的不尊重、不信任。这样，不仅使所用之人失去独立负责的责任心，严重挫伤他们的积极性，一旦有人找他们，他们就会推："这件事我决定不了，去找某领导，他说了才算。"

4. 领导者授权时要注意量体裁衣。要根据下属能力的大小，特别是潜在能力的大小来决定授职授权，恰到好处地让每个下属挑上担子快步前进,避免有的喊轻松,有的喊累死。

领导者管人是否得当,就是看授权的策略和技巧是否用到位。下属可根据所授予的职权,在实际工作中能否恰到好处地行使权力,胜任职务来判断。领导者务必慎重、认真地授权。

权力与责任必须平衡对等

下属履行其职责必须要有相应的权力,但同时,授予下属一定的权力时必须使其负担相应的责任,有责无权不能有效地开展工作;反之,有权无责则会导致不负责地滥用权力。责大于权,不利于激发下属的工作热情,即使只是处理一个职责范围内的问题,也需要层层请示,势必会影响工作效率;权大于责,又可能会使下属不恰当地滥用权力,最终会增加领导管理和控制的难度。所以,领导者在授权时,一定要向被授权者交代清楚事项的责任范围、完成标准和权力范围,让他们清楚地知道自己有什么样的权力,有多大的权力,同时要承担什么样的责任。总的来说,要实现权力与责任平衡对等,应灵活掌握以下基本原则:

一、明确

授权时,领导者必须向被授权者明确所授事项的责任、目标及权力范围,让他们知道自己对哪些人和事有管辖权和利用权,对什么样的结果负责及责任大小,使之在规定的范围内有最大限度的自主权。否则，会使被授权者在工作中摸不着边际，无所适从，贻误工作。

二、下属参与

让下属参与授权的讨论过程，这样可以增加授权的效率。首先，只有下属对自己的能力最了解，所以让他们自己选择工作任务可能会更有好处；其次，下属在参与过程中，会更好地理解自己的任务、责任和权力；最后，下属参与的过程是一个主动的过程，而一个人对自己主动选择的工作往往会尽全力将它做好。

三、适度

评价授权效果的一个重要因素是授权的程度。授权过少往往造成领导者的工作太多，下属的积极性受到挫伤；过多又会造成工作杂乱无章，甚至失去控制。授权要做到授出的权力刚好够下属完成任务，不可无原则地放权。

四、责权相符

权力与责任务必相统一，相对应。这不仅指有权力也有责任，而且指权力和责任应该平衡对等。如果下属的职责大于他的权力，那么下属就要为自己一些力所不及的事情承担责任，这样自然就会引起下属的不满；如果下属的职责小于他的权力，那么他就有条件用自己的权力去做职责以外的事情，从而引起管理上的混乱。

五、要有分级控制

为了防止下属在工作中出现问题，对不同能力的下属要有不同的授权控制。比如对能力较强的下属可以控制得少一些，对能力较弱的下属控制力度可以大一些。然而，为了保证下属能够正常工作，在进行授权时，就要明确控制点和控制方式，领导者只能采用事先确定的控制方式对控制点进行核查。当然，如果领导者发现下属的工作有明显的偏差，可以随时进行纠正，但这种例外的控制不应过于频繁。

六、不可越级授权

越级授权是上层领导者把本来属于中间领导层的权力直接授予下级。这样做会造成中间领导者在工作上处于被动，扼杀他们的负责精神。所以，无论哪个层次的领导者，都不能将不属于自己权力范围内的事情授予下属，否则将导致机构混乱和争权夺利的严重后果。

七、可控原则

授权不等于放任不管，授权以后，领导者仍必须保留适当地对下属的检查、监督、指导与控制的权力，以保证他们正确地行使职权，确保预期成果的圆满实现。权力既可授出去，也可以收回来。所有的授权都可以由授权者收回，职权的原始所有者不会因为把职权授予出去而因此永久地丧失了自己的权力。

总之，领导者在授权时一定要注意权力与责任必须平衡对等，把权力和责任"捆绑"下放，做到权责相应。唯有如此，才能真正发挥授权的效用。

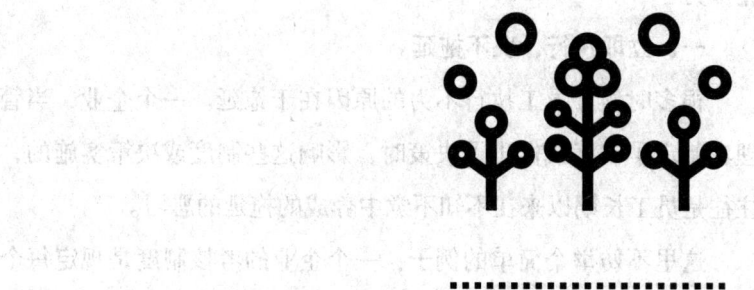

第十二章 将责任落实到位,员工才会执行到位

没有执行力,就没有竞争力

执行力是推动工作、落实制度的前提。制度制定、决策下达之后,关键是要执行,再好的制度和决策,如果没有人去执行或执行不到位也是没有用的。因此,作为企业的管理者,你的工作必须着眼在有效的执行上。

美国总统麦金莱要求安德鲁·罗文将信送给加西亚,安德鲁·罗文克服了种种难以想象的困难,最后终于圆满地完成了这项神圣使命。安德鲁·罗文因此而被世人所称颂。但是,如果安德鲁·罗文当时不能执行这项任务,那么这项任务的价值就等于零。

在企业同样如此,如果制定了制度而不去执行,做出了决策而不去实施,也同样是分文不值。要知道:没有执行力,就没有竞争力!

一、立即执行,决不拖延

很多时候,员工执行不力的原因在于拖延。一个企业,当管理者制定了制度或做出了决策时,影响这些制度或决策实施的,往往是员工长期以来在不知不觉中养成的拖延的恶习。

这里不妨举个简单的例子:一个企业的考核制度是规定每个月的最后一天提交工作报表。但是拖延的恶习让很多员工拖到下个月，这一恶习导致的结果是直接影响了领导对于每个人工作进展的判断，不能很快制订出新的工作计划，导致了企业的整体工作安排向后顺延，直接耽误了企业发展。

因此我们说，立即落实制度规定的每一项工作细节，决不拖延上级布置的每一个工作任务，是卓越员工必须具备的执行素质之一。

《财富》全球最有影响力商业人士排行榜中，埃克森美孚石油公司董事会主席兼总裁李·雷蒙德的名字常名列前茅。

有人说，李·雷蒙德是工业史上绝顶聪明的总裁之一，是洛克菲勒之后最成功的石油公司总裁，因为没有人能够像他一样，令一家超级公司的股息连续21年不断攀升，并且成为世界上最赚钱的一台机器。

李·雷蒙德的人生信条就是：决不拖延！在他的影响下，这一信条已经成为他所在公司秉持的理念之一。埃克森美孚石油公司之所以能跃升为全球利润最高的公司，离不开埃克森公司和美孚公司的携手，更离不开一支决不拖延的员工队伍。李·雷蒙德的一位下属曾经这样解释这一理念：拖延时间常常是少数员工逃避现实、自欺欺人的表现。然而，无论我们是否在拖延时间，我们的工作都必须由我们自己去完成。通过暂时逃避现实，从暂时的遗忘中获得片刻的轻松，这并不是根本的解决之道。要知道，因为拖延或者其他因素而导致工作业绩下滑的员工，就是公司裁员的必然对象。必须记住的是，没有什么人会为我们承担拖延的损失，拖延的后果只有我们自己承担。如此一来，我们就可能在一个庞大的公司里，创造出每一个员工都不拖延哪怕半秒钟时间的奇迹。

须知，决不拖延，今天该做的事一定要在今天完成，这才是真正有效的执行！

如果你有遇事拖延的习惯，不妨做一个自我分析。具体有如下几个步骤：

第一步，记下一件你拖延的事情。既然你有拖延的习惯，那你拖延的事情肯定不止一件，你不妨先写下自己认为最重要的那件事情。

第二步，自己反问一下，假如继续拖延下去，不采取行动，会造成什么样的后果。

第三步，想一下，如果你现在采取行动，完成这件事情，会对你有什么好处。这和第二步正好相反，这些好处会给你采取行动增加动力。

第四步，马上行动！

千万不要认为这样做没有什么效果。事实上并不是所有人在拖延时都曾认真考虑过这样做的后果到底有多严重。从很多被降职或被辞退的人那里看到后悔的神情时就可以知道这一点：早知道会被降职或辞退，就不会拖延执行了。

因此，无论如何，最重要的一件事情是：你必须采取行动，不要把事情留到明天。

二、百分之百地执行

没有执行力，就没有竞争力，因此执行力也是企业的生存力。一旦计划、制度已经出台，我们就要百分之百地执行到底。在执行制度完成工作时，除了追求速度之外，还要追求质量。速度和质量，是衡量员工执行能力的两大标准。只有每个员工都能百分之百地执行既定计划和制度，都能高效高质地完成工作，企业才能更快速地前进，每个员工也会因此受益匪浅。

下面是一位房地产老总的一次亲身经历：

"一个与我们合作的外资公司的工程师，为了拍合作项目的全景，本来在楼上就可以拍到，但他硬是徒步走了两千米爬到一座山上，连周围的景观都拍得很到位。

"当时我问他为什么要这么做，他只回答了一句：'回去董事会成员会向我提问，我要把这整个项目的情况告诉他们才算完成任务，不然就是工作没做到位'。"

这位工程师的个人信条就是：我要做的事情，不会让任何人操心。任何事情，只有做到100%才是合格，99%都是不合格。

百分之百执行的另一个表达方式是：结果决定一切。即使你在工作中付出了很多努力，但是最终没有完成任务，还是等于没有执行。所以你必须明白，自己需要做的事情不是向别人说明自己有多辛苦，而是要认真反思，看是不是有什么更好的方法可以完成任务。用结果来评判执行力，是对一个人执行力的最佳评价方法。

在许多著名的企业中，百事可乐就是这样一个以"结果决定员工成就"的公司。百事可乐推崇一种深入持久的"执行力"文化，强调员工"主动执行"公司的任务，百分之百地去完成它。那些业绩优秀的员工总是能得到公司的嘉奖，而那些业绩不佳的员工则会被淘汰。这种以"结果论成败"的企业文化塑造了一支有着坚强战斗力的员工队伍。在激烈的市场竞争中，百事可乐终于渐渐从市场中脱颖而出，并且成为唯一可以和可口可乐抗衡的对手。

要做到百分之百执行，你就必须从以下三个方面着手：

1. 要严格要求自己。如果你只是希望在一个公司里混，能够保住饭碗，而不求上进，那么你很难做到百分之百执行。一个人成功与否在于他是不是做什么都力求做到最好。成功者无论从事什么工作，他都绝对不会轻率疏忽。因此，在工作中你应该以最高的标准要求自己。能做到最好，就必须做到最好。

2. 要牢记使命。很多人之所以不能做到百分之百执行，一个很重要的原因就在于他常常忘记了自己肩负的任务。

3. 要做到尽力而为。在很多时候，你之所以没有做到百分之百执行，原因不在于你的专业能力不够，而是你没有竭尽全力。

责任心为执行撑起一片天

一个有责任心的人做一件事情就一定要做好才放手，绝不会半途而废。因此，企业要想提高执行力，问题不在于管理经验的高低,而在于每个人的责任心。

　　某县有位干部因业绩突出而被领导选中要调往省城,而他却自愿留守县城,虽然干得有声有色,却也辛苦至极。别人问他:"值得吗?"他答道:"既然留下来,就有责任干好。"这是责任的力量。有些部门,因职位高下、利益不均,有人就推三阻四、拖沓怠工;可也有人照样无利而往、披星戴月地工作,单位兴旺发达了,他们仍旧默默无闻,只是一个幕后英雄而已——可是他们的出发点很简单,"干这份事,就要为此负责"。由此可见,在企业发展阶段,企业员工的责任心更能影响企业的生存和发展。只有责任心有了,才会凡事严格要求,在执行中不打折扣,不玩虚招,做到令行禁止。

　　遗憾的是,现实生活中的情形并不完全如此乐观。有一家公司员工给一家有合作意向的公司的老板发送电子信函,连发几次都被退回,向那位老板的秘书查询时,秘书说邮箱满了。可是4天过去了,邮件还是发不过去,再去问,那位秘书还是说邮箱是满的!试想,不知这4天之内该有多少邮件遭到了被退回的厄运?而这众多被退回的邮件当中谁敢说没有重要的内容?如果那位秘书能考虑到这一点,恐怕就不会让邮箱一直满着。作为秘书,每日查看、清理邮箱,是最起码的职责,而这位秘书显然是责任心不够。

　　人们在企业各部门还常见到这样的员工:电话铃声持续地响起,他仍慢条斯理地处理自己的事,根本充耳不闻。一屋子人在聊天，投诉的电话铃声此起彼伏，可就是无人接听。若有人询问，他们的回答竟是："还没到上班时间。"其实，离上班时间仅差一两分钟，就看着表不接。有些客户服务部门的员工讲述自己部门的秘密："5点下班得赶紧跑，不然慢了，遇到顾客投诉就麻烦了——耽误回家。即使有电话也不要轻易接，接了就很可能成了烫手的山芋。"

不是上班时间就不做，看上去没什么大不了，但却恰恰反映了员工的责任心。而正是这些体现员工责任心的细小之事不去执行，才影响到企业的信誉、效益、发展，甚至生存。那么，员工为什么会缺乏责任心呢？

首先，是因为管理者根本就缺少经验，缺乏智慧，不知道该如何体现和增强员工的责任心。

其次，是企业的管理者思想懈怠或疏于管理监督，员工自然跟着懈怠。正所谓"领导懈怠一，员工能松懈十"。

再次，是人的天性使然。人天生就有一定的惰性，企业的规章制度原本执行得很好，但时间一长就自然产生懈怠，思想上一放松，责任心就减弱，行为上自然就松懈，再体现到日常工作中就是执行力下降。

总的来说，责任心体现在三个阶段：一是执行之前，二是执行的过程中，三是执行后出了问题。那么如何才能提升人的责任心呢？首先，在执行之前就要想到后果；其次，要尽可能引导事物向好的方向发展，防止坏的结果出现；最后，出了问题敢于承担责任。勇于承担责任和积极承担责任不仅是一个人的勇气问题，而且也是执行力是否能到位的关键，因此，企业从上至下都应该增强责任心的训练，让责任心为执行撑起一片天！

战略再好，也要有人落实和执行

我们先看这样一个故事：

一个富人要去远方旅行。临行前，他把仆人召集起来，各给他们五千两银子，让他们去经商。

一年后，这个富人回来了，他把仆人叫到身边，了解他们经商的情况。

第一个仆人说："主人，你交给我五千两银子，我已用它赚了一千两。"富人听了很高兴。

第二个仆人接着说："主人，你交给我五千两银子，我已用它赚了两千两。"富人听了也很高兴。

第三个仆人来到主人面前，打开包得整整齐齐的包袱说："尊敬的主人，您看，您给我的五千两银子还在这里。我把它埋在地里，听说您回来，我就把它掘出来了。"

富人听了勃然大怒，他一把夺过那五千两银子，骂道："你这个没用的家伙，浪费了我的钱。"然后，将这个仆人赶了出去。

钱能生钱，这三个仆人都有了创业的本钱，也有了创业的机会，可是为什么第三个仆人却没有成功呢？关键是他没有采取任何行动。没有行动，没有落实和执行，又怎么会成功呢？

这对于企业的管理来说，同样如此。即便有一个很好的发展机会，有一个宏大的目标，有一个伟大的战略决策，但是不去行动，不去做，成功也不会从天上掉下来的。

成功需要实力，需要机遇，更需要决策者的行动。德鲁克在《卓有成效管理者的实践》中非常明确地说："虽然考虑边界条件是决策过程中最难的一步，但最耗时的，往往是把决策转化为有效的行动。所以打从决策开始，我们就应该把行动的承诺纳入决策之中，否则便是纸上谈兵。事实上，一项决策如果没有一条一条的具体行动步骤，没有指派某某人承担任务和责任，那便不能算是一项决策，最多只是一种意愿而已。"

李嘉诚在总结自己成功经验时也说："决定一件事后，就快速行动，勇往直前去做，才会取得成功。"

美国麦当劳餐厅在1955年创办初期仅仅是一家经营汉堡包的小店，然而到了1985年，它已经在美国的50个州和世界30多个国家和地区开设了近万家分店，年营业额100多亿美元，被称为"麦当劳帝国"。它能有如此的成功，完全有赖于创始人雷蒙·克洛克的"一旦决定了就赶快行动"的准则。

1954年的一天，雷蒙·克洛克驾车去一个叫圣贝纳迪诺的地方，他看到许多人在一个简陋的麦当劳店排队，他也停下车排在后面。

人们买了满袋汉堡包，纷纷满足地笑着回到自己的汽车里。克洛克凭着好奇的心理上前看个究竟，原来是经销汉堡包和炸薯条的快餐店，生意非常红火。

当时年过50的克洛克还没有自己的事业，他一直在寻找自己事业的突破口。他知道，快节奏的生活方式就要到来，这种快餐的经营方式代表着时代的方向，大有可为。于是他毅然决定经营快餐店。他向经营这家快餐店的麦当劳兄弟买下了汉堡包摊子和汉堡、炸薯条的专利权。

克洛克搞快餐业的决策遭到了家人及朋友的一致反对，他们听到这一消息后纷纷惊呼："你疯了？都50多岁了还去冒这个险！"

但是，克洛克毫不退缩。在他看来，决定大事，应该考虑周全；可一旦决定了，就要一往无前，赶快去做。行与不行，结果会说明一切。最重要的是行动。

克洛克马上投资筹建他的第一家麦当劳快餐店。经过几十年的发展，克洛克取得了巨大的成功。人们把他与名震一时的石油大王洛克菲勒、汽车大王福特、钢铁大王卡内基相提并论。

这个故事足以证明：战略决策再好，也只有落实和执行才有效。

落实执行力的关键在于责任到位

实际工作中,一些企业之所以会出现一些重大决策没有很好地落实到位,一些重要政策在落实过程中打了折扣,一些重大工程在实施过程中进展缓慢等现象,往往不是因为方向不明、道理不清、招数不对,而是由于责任划分不清。

一个家电制造有限责任公司曾经发生过这样一起"事故":3号车间有一台机器出了故障,经过技术人员的检查,发现原来是一个配套的螺丝钉掉了,怎么找也找不到,于是只好去重新买。

采购过程波折重重。先是发现市内好几家五金商店都没有那种螺丝钉,又发现就连市内几家著名的商场也没有。

几天时间很快就过去了,采购员还在找那种螺丝钉,可是工厂却因为机器不能运转而停产。于是,公司的管理者不得不介入此事,认真打听事故的前因后果,并且想方设法地寻找修复的方法。

在这种"全民总动员"的情况下,技术科才想起拿出机器生产商的电话号码。打电话过去询问,得到的答案却是:"你们那个城市就有我们的分公司啊。你联系那里看看,肯定有。"

联系后仅过了半个小时,那家分公司就派人送货来了。问题解决的时间就那么短,可是寻找哪里有螺丝钉,就用了一个星期,而这一个星期,公司已经损失了上百万元。

很快,工厂又恢复了正常的生产运营。在当月的总结大会上,采购科长特别提出了这件事情。他说："从技术科提交采购申请，再经过各级审批，到最后采购员采购，这一切都没有错误，都符合公司要求，可是结果却造成这么重大的损失，问题竟然是因为技术科的工作人员没有写上机器生产商的联系方式，而其他各部门竟然也没有人问。之所以会出现这样的问题，是由于公司责任划分不清，才导致了需要负的责任没有人负！"

可见，企业组织的岗位与岗位之间、员工与员工之间，都是责任与责任的关系，他们之间就犹如一台高速运转的机器中一个个相互啮合的齿轮，每一个齿轮的运转，都对整个机器的运转担负着重要的作用。很可能一个齿轮的缺失，将导致整个机器停止运行；小螺钉缺失，产生机器运营缓慢的危险。责任不落实到位，一点点小问题就可能酿成大祸，使企业蒙受巨大的损失！

最宝贵的精神是落实的精神，而最关键的落实是责任的落实！落实任务，先要将责任落实到位，因为责任不清则无人负责，无人负责则无人落实，无人落实则无功而返。责任落实是否到位，是抓好工作落实的重要保证。

只有责任落实到位，才是落实任务、对结果产生作用的真正力量；只有将责任落实到位，我们的单位和企业才能更加欣欣向荣；只有将责任落实到位，战略才能隆隆推进，崭新的未来才能扑面而来；只有将责任落实到位，个人的潜力才能得到无限的开发，个人才能一步步走向成功。

执行问题没有商量的余地

没有哪一个管理者不希望自己的企业永葆青春，充满激情。我们不妨回首历史，看看一些有名的企业，是如何做到这一点的。通用电气在一百多年前曾和十几家公司一起作为道琼斯指数股。然而一百多年后的今天，那十几家公司中只有通用电气仍然是道琼斯指数股，这是为何？通用电气能够基业长青的原因有很多，但无疑，卓越的企业执行力在其中起到了举足轻重的作用。

通用电气执行的有力推动者之一就是韦尔奇。韦尔奇有过一个著名的领导者4E公式：有很强的精力；能够激励别人实现共同目标；有决断力，能够对是与非的问题做出坚决的回答和处理；最后，能坚持不懈地实施并实现他们的承诺，也就是执行。

在韦尔奇的畅销书《赢》中有这样几段话：

其他3个"E"我们总是能轻易地明白，第四个"E"也好像是水到渠成，但是好些年以来，其实我们在通用电气只关注到了前3个"E"。很多人以为，能具有前3个"E"的品质的人就已经相当好了。也因此，我们选拔出了很多，有数百名员工，并把他们归结为前3个类型。然后，很多人走上了管理岗位。

想想那个时候，我经常去参加一些业务会议和一些管理论坛，同行的还有通用电气负责人力资源管理的老板比尔·康纳狄。在评议会上，我们经常会查看一些管理者的资料，那上面有每一位经理人的照片，他的老板所做的业绩评定，另外，每个人的名字上都画有3个圈，分别代表上面的一个"E"。这些圆圈会被涂上一定面积的颜色，以代表该员工在相应的指标上所展示出来的实力。例如，有的人在"活力"上面可能得到半个圈，在"激励"上面得了一个圈，在"决断力"上面得到1/4个圈。

在对上面这些人进行考察之后，我们从中西部地区乘坐飞机出发，飞回总部。比尔一页页翻看那些厚厚的"很有潜力"的员工的资料，发现它们大都有3个被涂满的圆圈。于是，比尔转向我："你知道，杰克，他们都是这样的出色，但我能肯定，我们肯定遗漏了某些重要的指标。"他说，"实际上，通过调查，他们中的一些人的成绩却很是不好。被我们遗漏的东西正是执行力。"

结果显而易见。你能拥有奋斗的激情，懂得如何去感染每一个人，能够不断地进步，有出色的分析能力，还能够做出坚决的判断，但你可能依旧不能跨越终点。执行力是一种专门的、独特的技能，它意味着你要明白如何去做，要有决然的毅力去付诸行动，而且不能退步。在这其中，你可能要受到很多的非议、阻力、迷茫、模糊，甚至是上级的阻挠。有执行力的人非常明白，"赢"才是结果。

这就是韦尔奇，一个从通用电气最基层的普通员工，一步步走到通用电气的首席执行官的韦尔奇！他完美地展示自己特立独行却又行之有效的管理理论，打破通用电气这个多元帝国的官僚主义，以强硬作风、追求卓越的理念推动通用电气业务重组，构筑"数一数二和三环"战略（核心、技术、服务），实现通用电气公司"六西格玛管理、全球化、E化、听证会"的四大创举。

韦尔奇曾经立下宏志,向所有通用电气的员工发出了号召:他要用自己的管理方式,让通用电气成为"世界上最有竞争力的公司"的战略目标,并以此作为人生的准则:

直截了当:明确、坦诚地传达需要完成的任务。

不出人意料:始终如一,不要隐瞒重要问题。

用事实说话:应该提供做出战略选择的依据,包括数据。

信守诺言:要言行一致,否则将失去信任。

从韦尔奇的故事,以及他向员工传达的指导思想中我们完全有理由相信:优秀的"执行力"对于成就通用电气可谓是居功至伟!

正是这种对执行的执着成为韦尔奇出任首席执行官后一切改革的原动力。他历经旧体制的层层曲折,深知哪里是最阴暗的深处,哪里有无所事事的敷衍,哪里是最殷切的盼望,所以,执行之时,绝不手软,毫无商量的余地。为此,他曾有"中子弹杰克""美国最强硬的老板"之称。

任何一个企业,想要成功,管理者就必须亲自参与到企业中,从中汲取失败的教训,总结出合适的理论,并坚决地落实决策到企业的具体行动中。

一个公司的效率不在它的大楼,也不在它的人员,更不在它的会议,而在它的贯彻力度。正如我们常说的,"光说不练假把式",管理者如果不能坚决果断地执行所有正确的决策,就不可能获得期待的成功。

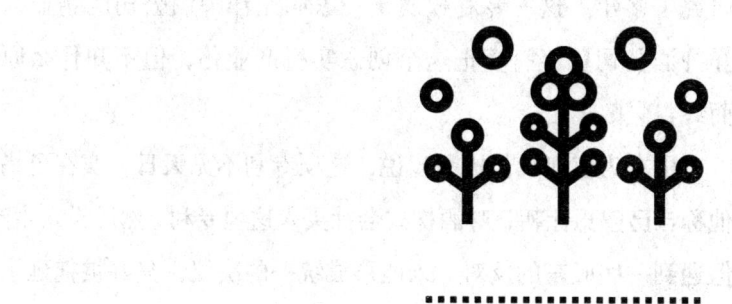

第十三章
执行不能只埋头拉车,还要抬头看路

走出"盲人摸象"的误区

美国哥伦比亚大学教授默顿在《社会伦理与架构》一书中说:"一件事情的发生,若由于错误的定义,则可促成一个错误行为变成事实。"只凭主观意识,看到事情的某一方面,最终必定会像"盲人摸象"一般,导致错误的结论。作为领导者,只有统筹兼顾,从全局着手才能在复杂的情况下做出正确的决策。

日本协和发酵会社的社长加藤辨三郎就曾因轻率决策而导致经营决策出现了重大的失误。

当时,日本啤酒界广为人知的怪杰朝日啤酒社长山本为三郎对加藤说,用地瓜制造啤酒是一个新创举,你有没有兴趣?而且他介绍这个构想源自东京农业大学教授助江金元,他已经研究了多年。这一专利权属于一家叫东洋啤酒公司的企业,东洋啤酒公司曾经打算把这个创意实行产业化,但不知什么原因而终告失败了。

山本为三郎社长进一步说,这项专利不见天日,实在可惜。他称自己曾想让朝日啤酒株式会社买入这项专利,然后投入生产,但遇到一些股东的反对,未能形成统一的决议,只好被拖延了下来。为此,他就向加藤推荐,并许诺如果加藤真的开发该项目,他的公司会提供支持。

听了山本为三郎这位啤酒行家的介绍，加藤觉得很有道理，认为他的构想非常不错：第一，以地瓜作为原料制造啤酒，成本低廉；第二，由于制造成本低，售价当然也低，这样竞争优势就强；第三，售价低和竞争力强，销路必然就好，那么效益必定也不错。

这3个结论，从理论上似乎都站得住脚。加藤认为用地瓜制造啤酒，根据日本酒税的规定，因为没有麦芽含量而税收大减，至于味道问题，加藤觉得日本各家啤酒公司的产品，味道大同小异，而德国生产的啤酒，群雄割据，各种牌子的啤酒都有其独特之处，它们都畅销无阻，这地瓜制造的啤酒自然也就不在话下了。

加藤经过上述的理论分析，再加上迷信老行家的说法，做出了决策，从东洋啤酒公司买下了专利权，接着投入生产。为了推出"地瓜啤酒"，加藤第一件事是为产品命名，经过反复思考后，他决定命名为"拉比"，"拉比"是法语，是"生命之泉"的意思，加藤觉得很好，既有意思，又易记。第二件事，就是全力投入生产，第一年生产了300万吨，第二年生产了近1000万吨。

经过两年的投资生产后，加藤发现问题严重了。第一，生产成本并没有设想的那么低廉，各方面的成本加起来，每瓶成本为75日元，比预计的每瓶50日元高了25日元。第二，由于成本不低，所以售价也没有多大的竞争力。当时其他名牌啤酒每瓶售价仅125日元，如果地瓜啤酒每瓶售价100日元，那么既没有竞争力，而且也没有多少利润可言。第三，命名"拉比"并没有加藤预想的那般好,当它在市场出现后,一些消费者指出"拉比"的语音很像英文的"某种寄生虫",所以众多人对"拉比"敬而远之。第四,尽管做了声势浩大的广告宣传和促销,但是销量却很小。据酒吧、餐馆的反映,从来没有主动提出要喝"拉比"啤酒的。

加藤从筹划到生产经营地瓜啤酒,最后到损失惨重而停止生产经营,共经历了3年多的时间,最后加藤不得不宣告失败了。这一决策导致加藤损失了设备投资费5亿日元,损失促销宣传费7.8亿日元,再加上其他一些费用,共失去了13亿日元,它使加藤20多年的资金积累损失殆尽。

加藤的决策失败,很大程度上就是因为他对获取的信息没有认真分析甄别,没有进行调查研究和去伪存真,就片面地做出了决策。加藤从失败中吸取教训,在其日后的经营中注意在全面地了解信息之后再做出决策,使企业获得了"春风吹又生"的机会,并逐步发展成为日本最大的啤酒公司之一。

领导者的决策直接影响到企业的发展,因此,领导者必须做到审时度势,纵观整体,即便是在执行决策的过程中,也要从全局看问题,一定要避免"盲人摸象"的现象出现。

找准自己的"位置"

俗话说:人贵自知。作为一个领导者,必须找准自己的位置,进而真正了解自己的责任。

正副职、上下级，位置不同，具体责任也有区别，但是基本责任是一致的，一是出主意，二是用干部。在企业内部，所谓"出主意"，就是出谋划策，在吃透企业文化和上级指示精神的前提下，在吃透本部门工作的基础上，广泛发扬民主，虚心听取各方面意见，集中下属的正确意见，就涉及企业全局的重大问题和关系下属切身利益的大事做出正确决策，提出实施决策的切实可行的方案和办法。决策时需避免某个领导个人拍脑袋和少数领导说了算的现象，避免以口号落实口号、以会议落实会议、以文件落实文件。所谓"用干部"，就是搞好企业内部管理人才的培养、选拔和使用工作，做到提拔使用管理人才时不求全责备，看实绩、主流和本质，玉有小瑕而不舍，木有微朽而不弃，支持实干的，处理捣乱的，教育混饭的，鼓励转变的。领导者要有容人的雅量。须知大凡人才或致力于学问，或潜心于事业的人，往往拙于玲珑处世，不肯投机钻营。他们有真知灼见，说话处世不那么"随和"，用起来似乎不那么顺手。

作为领导者，要从事业出发，从大处着眼，切不可以亲疏和个人好恶为标准。领导者在用人上要注意下属的优势互补和性格互补。对每个领导者而言，出主意和用干部两者缺一不可。只注意前者而忽视后者，再好的主意也是一纸空文；只强调后者而放松前者，下属就会方向不明，再能干的人也有劲无处使。所以认清自己的位置、明确自己的责任，是每个领导者做好领导工作必备的思想基础。

要能"走一步看三步"

只顾眼下不顾后路的领导者,迟早会出问题。走一步能看三步,看清三步再走下一步,这是一种使未来了然于胸的高瞻远瞩的眼界,也是一种成熟睿智的领导艺术。

美国前总统理查德·尼克松曾在《领导者》一书中写道:"成功者一定要能够看到凡人所看不到的眼前利害以外的事情,需要有站在高山之巅极目远眺的眼力。"这句话非常清楚地指出了高明领导与平庸领导的区别在于看问题时的眼光上。

平庸的领导者由于性格狭隘、学识肤浅等原因,看问题时视野有限,只看到眼前的事物,或者只看见事物的表象。工作的时候,总是边走边看,得过且过,唯上级的命令是从,缺乏主动性;处理问题时,也只能是头痛医头,脚痛医脚,只管解决眼前的问题,却不知从根本上解决问题。不仅劳心劳力,还总让自己陷入困境走不出去,最终被淘汰出局。而高明的领导者则能高瞻远瞩,放眼未来,放眼世界,能看透事物的本质,准确把握时代脉搏,预测事物的发展方向。这样的领导者工作起来就会游刃有余,如鱼得水。

鲁肃最初投奔孙权时,孙权在与之交谈后,对鲁肃的为人及见识颇为满意,当其他宾客告退时,孙权又单独留下鲁肃,同他对饮,并秘密商议时局大事。密谈中,鲁肃为孙权提出了未来发展的对策,这就是著名的《榻上策》。鲁肃说:"汉室是没有希望复兴的了,曹操也是一时半会儿除不掉的,因此,作为将军的您只有立足于江东来观察天下局势的变化。目前要趁北方混战多事的良机,向西进军,消灭黄祖,攻打刘表,将整个长江流域都据为己有。到那时,将军就可以建立国号称帝,然后力图夺取天下。这正是当年汉高帝缔造的大业啊!"

现在很多人都对《隆中对》几乎顶礼膜拜,然而事实上《隆中对》不过是《榻上策》的修订版而已:"曹操不可卒除"与"此诚不可与争锋";"以观天下之衅"与"若天下有变";"鼎足江东"与"保其岩阻";"建号帝王以图天下,此高帝之业也"与"霸业可成,汉室可兴矣",后者无一不是对前者换一种方式的再诠释。

《榻上策》比《隆中对》高明之处在于,它明确地看到了"汉室不可复兴"的发展趋势。要知道,这一论断是在汉室当时仍有一定影响力的建安六年(201)说出来的,再看八年之后诸葛亮还信心百倍地在说"汉室可兴",鲁肃的战略眼光由此可见一斑。后来东吴政权的建立和扩大,正是执行了这一正确的战略决策的结果。

领导者作为团队的指引者,应该开阔视野,放远眼光,如果鼠目寸光,工作起来就会头痛医头、脚痛医脚,缺乏系统性与可持续性,难以将工作做好。领导干工作之所以顺水顺风,就在于他们能完全预见未来的发展趋势，能一眼洞察事物的本来面目，能准确辨别团队的前进方向，高瞻远瞩、审时度势，在着眼全局、着眼未来的大背景下去思考问题、谋划策略、领导下属、开展工作。

坐在指挥的位置上，如果什么也看不见，就不能叫领导；坐在指挥的位置上，只看见地平线上已经出现的东西，那是平庸的领导；只有当清晨第一缕阳光刚刚露出海平线的时候，就能看出未来会出现的大趋势，才是好领导。走一步能看清三步，看清三步再走下一步，这是一种使未来了然于胸的高瞻远瞩的眼界，也是一种成熟睿智的领导艺术。有如此战略眼光的领导者才是企业最需要的领导。

化整为零地落实目标

任何远大的目标都要建立在实践的基础上，都必须靠一步一步的努力才能得以实现。再辉煌再宏大的野心和理想，剥去美丽的外衣之后，留下的也只是一些小而具体的目标和不懈的努力。

从某个角度而言，这并不意味我们每件事都会做得很好，也并不意味着一切事就此马上改观。因为最成功的人必然是那些懂得分寸的人，他们不会一口气承担下能力所不及的事，总能把一个大目标分割成数个可以达成的小目标，最终累积成所期望的成功。

我们都知道人类是在1969年首次登上月球的。但并不是所有人都知道整个计划——阿波罗登月计划有多么的复杂，其总体设计有多么的庞大。

这是美国有史以来最鼓舞人心的计划之一。有120所大学实验室、200多家公司从事研制，至少有42万人参与其中。这项计划所面临的问题的复杂程度可想而知，遇到的困难不言自明。但是，该项计划通过化整为零，分解工作，然后把各部分再分配到有关单位，这样就使复杂的问题简单化，于是问题也就解决了。这听起来让人难以相信。可是，它却已经成功了。

领导者在工作中，会遇到很多既复杂又麻烦，有时甚至令人找不到头绪的问题。几个人，几十个人，甚至许多人也无法解决，在面临此类问题时，领导者可以尝试运用化整为零的方法，将问题进行分解。然后就会发现，问题竟然迎刃而解了。

化整为零其实就是对整体加以分解，一般有两种办法：第一，对于一项重大的任务，将其分解成较小的局部任务。比如大指标分解成分指标，分指标再分解，直到最终落实到有关部门或个人头上为止。第二，对于在一定时间内需要完成的重要工作，将其分解为几个阶段，再落实到有关部门或个人分阶段加以完成。经过分解之后的任务，即使失败了，也容易找到失败的原因，容易更正。因为在这种分解任务下的失败通常不是全盘皆错，而是在某个或某些环节出了差错，只要有针对性地加以更正，就能将存在的问题加以解决而不必将整件工作推倒重来。

领导者在运用"化整为零"的方法研究和解决企业面临的问题时，可以先把所面临的问题看作一个整体或是一个系统，弄清楚它的内涵是什么，它本身所处的大系统是什么样的，有什么性质和整体目标；弄清楚问题在大系统中具有什么样的地位和作用，它与大系统中其他各因素之间有什么样的关系等，然后才能对面临的问题做出正确的判断。

比如，领导者首先将全公司的目标和任务进行分解，具体落实到每一个部门。然后是部门再次进行分解，具体落实到每一小组直至员工个人。至此，整个企业的总目标、总任务都明确地划分了职责和职权，企业目标和任务的完成也就有了充分的保证。

譬如一家销售公司要销售一种产品，目标是今年要达到6000万元的利润。那么，如何来分解这个任务呢？不是把这6000万元平均分担到每个销售人员身上，这种方法不是团队的做法，也不适应现代商业运作的要求。

首先，领导者要知道这6000万元的利润是如何出来的，它由多少个区域市场的业务组成，大市场有多少，小市场有多少，中等市场有多少。

其次，领导者要了解这些市场都分布在哪些区域，都由哪些部门或者单位管理，获取这些业务的方式是竞标、团购，还是零散销售。

再次，要获得这些业务，领导者应该做多少前期市场调查工作，领导者又要做出多少个竞标方案或广告投入等等。

只有把这些工作都做好了,才有可能获得业务,从而达成利润指标。

这就要求领导者把业务划分、市场调研、方案制作、广告投入等工作分解到不同的工作小组之中去,再由这些工作小组把每一件事情分配到相关人员手中。这样做的目的只有一个,就是确保每一个环节的专业度,确保业务目标的完成。术业有专攻,每一人都有自己的专长,领导者要充分利用每个人的优势,而不是要求一个人去完成一项系统工作的所有环节,让他去做他擅长的那部分就足够了。这就是"化整为零"的核心所在。这样一来就能让一些在某些人看来是极大困难的事能在另一些人那里轻而易举地完成,这也是化整为零地落实目标的优势所在。

不管大局,最终只有"出局"

领导者工作过程中最忌讳的就是鲁莽行事、只顾眼前而不顾未来。正所谓"运筹帷幄之中,决胜千里之外"。做任何事情之前,都应从全局出发,考虑到方方面面和所有可能出现的后果,然后把计划和步骤全都考虑清楚,再去执行,这样才能避免失败的发生。置身于领导者的位子上,个人的失误不仅会给自己造成不良影响,还会给自己的下属甚至整个企业带来损失。所以领导者一定要从大处着眼,从全局出发看待问题,才不会被判"出局"。

领导者要顾全大局，有总揽全局的能力，遇事冷静，不要一有问题就自己先乱了阵脚，这样只会给下属造成更大的压力，让他们感到不安。

领导学家查尔斯·汉迪认为，所谓把握全局，指的是领导者有计划、有步骤、妥善而又完整地把握工作的全过程，并运用灵活机动和确实有效的领导方法，带领下属去完成计划的一种能力。对于领导者而言，把握全局既是他最重要的工作方法之一，也是他工作的灵魂和核心，更是他必须具备的职业素质。

一个领导者，想要带好一个团队确实不容易，因为团队本身就是由各种性格的下属组成的，大家的经历、年龄、爱好和性别等存在着很大的差异，而且下属在不同的任务和工作岗位上又会产生不同的需求。在这种特定的环境中，如果领导者没有清醒的头脑和灵活机动的处事方法，以及丰富的经验和把握全局的能力，是很难将领导工作做好的。

查尔斯·汉迪在他的著作中明确指出："作为一名领导者，总是希望下属能够在他的带领下步调一致，但却往往事与愿违。这是因为在一个团队中，所有的人各有所需，虽然大家彼此认识，而且同属一个组织工作，但毕竟存在经历、层次和修养等不同的特点，再加上家庭背景的不同和生活条件的不一致，因此，在工作的过程中，难免会出现下属之间的利益冲突。领导者应该努力使下属在完成任务的前提下尽量满足他们合理而又可能的要求，而不应该有意或无意地去伤害一些下属的自尊心。防止矛盾冲突发生，最为恰当的办法莫过于事先把工作做得尽善尽美。"

"其办法是尽量使整个团队始终保持在一定的范围内工作，使得既能管住'面'，又能抓住'点'，既管大又抓小，有机结合。所谓'管大抓小'，是指领导者正确处理下属间的利益关系，同时又要把两者关系尽量圆满解决。比如，从全局的角度出发，把问题想清楚。"

可见，作为一个组织的核心人物，领导者把握全局的能力是否恰当、充实，都会影响下属的情绪和心理活动，继而影响工作成绩。领导者只有在做任何事情之前，都从全局出发，才能稳定人心、带好团队。

勇于挑战才能收获成功

身为领导，就意味着要远离安逸、舒适的生活状态，要让自己的大多数时间在忍受"不痛快"和挑战的威胁中度过。而事实也一再证明，正是这种能够咬牙坚持的勇气和义无反顾地向工作中的一个又一个挑战努力，才成就了一个又一个好领导。

美国克莱斯勒汽车公司的领导人艾科卡，就是这样一个勇于向工作中的"最高峰"挑战的人。在艾科卡刚接任克莱斯勒公司的领导职位的时候，公司效益非常惨淡，所有人对公司的未来都毫无希望。但是艾科卡并没有放弃，而是勇敢地向这些困难发出了挑战。艾科卡坚信自己可以让已经奄奄一息的克莱斯勒东山再起！他很快开始在企业内部实施一系列的改革措施：寻找支持者，挑选强有力的工作团队，革新技术，整顿财务……在他的不懈努力下，克莱斯勒获得了政府的高额贷款，克莱斯勒看到了希望的曙光。

之后，艾科卡又将眼光瞄准了耗油量少的迷你型轿车，并让公司以此为发展方向。于是掀起了20世纪80年代一场交通工具的革命。艾科卡勇于挑战的精神不仅使克莱斯勒起死回生，成为世界一流的汽车公司，而且也为自己赢得了下属的尊敬和爱戴。"没有他就没有我们的房子和汽车。""他是我们的恩人。""我们爱戴他，他是我们见过的最棒的领导。"这些都是艾科卡的下属给他的评价。

困难总是存在的，那些成功的领导者不是因为从未遇到过困难，而是他们鼓起自己的勇气，向困难挑战，他们用自己的勇气和努力战胜了困难。

要想成为优秀的领导者，就要创造出这样一种气氛和环境：让下属鼓足勇气针对困难做出自己的决定，并努力渡过难关。领导者不仅是一个勇于向困难挑战的人，更应该是把下属都培养成勇于挑战困难和那些看起来无比强大的人。领导者应该是那个给下属信心，推动下属发挥出自己潜在的勇气和力量的人。

中星微电子有限公司董事长邓中翰成功地开发出了"中国芯"而获得了万人瞩目的成就。面对如此成就，邓中翰的评价只有"很艰难也很幸福"这样一句简短的话。"今天的中星微绝对不能说已经到达了成功的彼岸。"邓中翰说,"所有中星微人都把中星微视为自己的孩子,这种感情就是珍视生命的诞生和成长,还有一点需要强调,中星微还没有资格说已经成功,面对科学和市场的日新月异,没有任何企业敢说已经成功,中星微仅仅是没有被科学落下太远,也仅仅是在市场中生存下来,未来的路还很长,还有很多的最高峰等待我们去攀登。"

当领导者抛开因一时的失败而勇敢地面对困难时,自己的言行也教会了下属如何去应对。一位勇于挑战的领导,所领导的下属就会对他马首是瞻,充分发挥出自己的勇气和力量。所以,领导者千万不要深陷于眼前的困难而不自拔,在困难面前要做知难而上的"领头羊",要知道,一个遭受困难就满胸积怨、自卑膨胀的领导者,是会被下属小瞧、被下属喝倒彩和讥笑,甚至是轻蔑的。只有遇到问题敢于面对、敢于应对并克服困难,勇于向难做的工作发起挑战的领导者,才会赢得大家的拥护。只有正视自我的领导,才能最终扭转局势。